COMPRENDRE

revista catalana de filosofia

AF599750

Director

Armando Pego Puigbó
Universitat Ramon Llull

Consell de redacció

Mauricio Beuchot
Universidad Nacional Autónoma de México
Miguel García-Baró
Real Academia de Ciencias Morales y Políticas
Elisabet Golobardes
Universitat Ramon Llull
José María Torralba
Universidad de Navarra
Carles Llinàs
Universitat Ramon Llull
Elena Postigo
Universidad Francisco de Vitoria
Ignasi Roviró
Ateneu Universitari Sant Pacià

Consell científic

Gabriel Amengual
Universitat de les Illes Balears
Antoni Bosch Veciana
Universitat Ramon Llull
Adela Cortina
Universitat de València
Raúl Fornet-Betancourt
Universität Aachen
Giuseppe Di Giacomo
Università La Sapienza
Francisco J. González
University of Ottawa
Pierre Hadot †
Collège de France
Silvia Magnavacca
Universidad de Buenos Aires
Ulises Moulines
Universität München
Giovanni Reale †
Università San Raffaelle
Thomas Robinson
University of Toronto
Salvi Turró
Universitat de Barcelona

Comprendre. Revista catalana de filosofia. Coeditada per Herder Editorial i Facultat de Filosofia de la Universitat Ramon Llull. Els originals per sotmetre a consideració del Consell de redacció cal enviar-los a:

Comprendre. Revista catalana de filosofia
Campus La Salle Barcelona
Facultat de Filosofia
Universitat Ramon Llull
C/ Sant Joan de La Salle, 42 - 08022 Barcelona
Tel. (00) - 34 - 932902044
comprendre@salle.url.edu
https://www.salleurl.edu

Per a subscripcions i comandes
Herder Editorial
Tel. 934762640 - Fax 932073448
revista@herdereditorial.com
http://www.herdereditorial.com

Preu exemplar: 13,50 € (IVA inclòs)
Preu de subscripció: 20 € / any (IVA inclòs)
Periodicitat semestral

© Facultat de Filosofia - URL i Herder.
La revista COMPRENDRE es publica en accés obert sota la llicència Creative Commons Reconeixement-NoComercial-CompartirIgual (by-nc-sa)

COMPRENDRE està indexada a ERIH Plus, IBZ (Internationale Bibliographie der geistes-und sozialwissenschaftlichen Zeitschiftenliteratur), IBR (Internationale Bibliographie der geistes-und sozialwissenschaftlichen Literatur), ISOC (C.S.I.C.), Latindex (UNAM, Mèxic), Philosopher's Index, Répertoire bibliographique de la philosophie. COMPRENDRE ha estat seleccionada per Elsevier a fi de ser indexada a SCOPUS des de desembre de 2015. Ha obtenido el reconocimiento del Diamond Discovery Hub como revista diamante de acceso abierto (2026).

Maquetació: Fotoletra, SL

Coberta: Michel Tofahrn
Impressió: Fotoletra, SL
Dipòsit legal: B-31.512-2012
ISSN: 1139-9759
ISSN electrònic: 2385-5002

COMPRENDRE

revista catalana de filosofia

Vol. 28/1 Any 2026

Articles / Articles

Ressenyes / Reviews

REPENSANDO LA OBJETIVIDAD CIENTÍFICA Y LA OBJETIVIDAD MORAL DESDE LA ANTROPOLOGÍA FILOSÓFICA DE CHARLES TAYLOR

Carlos SANTOS AGUIRRE

Universidad Pontificia Comillas
info@carlossantosaguirre.com
Núm. ORCID: 0000-0001-9913-4145
Article rebut: 14/10/2024
Article acceptat: 08/11/2024
DOI: 10.60940/comprendrev28n1id980000016865

Resumen

El concepto de objetividad se ha relacionado desde la modernidad con la racionalidad científica. La epistemología moderna en su aspiración a la objetividad dio un giro fatídico a manos del naturalismo cuando llevó a cabo la ontologización del método científico. Esto dio lugar a una metaética que rechazaría la objetividad del valor, al considerar nuestros enunciados valorativos como meras proyecciones sobre un universo neutro. Lo que intento demostrar en este escrito es que los planteamientos de Taylor nos permiten superar las dicotomías entre el saber científico y el saber moral, reconociendo dos tipos de objetividades que remiten a dos realidades ontológicas —la ontología material y la ontología moral— en las que existe una relación de continuidad.

Palabras clave: Charles Taylor, objetividad, racionalidad, moral, naturalismo.

Rethinking scientific objectivity and moral objectivity through Charles Taylor's philosophical anthropology

Abstract

The concept of objectivity has been related since modernity with scientific rationality. Modern epistemology in its aspiration to objectivity took a fateful turn at the hands of naturalism when it carried out the ontologizing of the scientific method. This gave rise to a metaethics that rejected the objectivity of value, considering our evaluative statements as mere projections on a neutral universe. What I am trying to show in this paper is that Taylor's ideas allow us to overcome the dichotomies between scientific knowledge and moral knowledge, recognizing two types of objectivities that refer to two ontological realities —material ontology and moral ontology— in which there is a relation of continuity.

Key words: Charles Taylor, objectivity, rationality, morality, naturalism.

Desde los albores de la Edad Moderna con la inauguración de la Ciencia Nueva, se ha relacionado el concepto de «objetividad» con el método de investigación de las ciencias naturales. Ciertamente, la aspiración a la objetividad no solo se ha convertido en la principal meta de las disciplinas académicas, sino que también se ha adoptado como el procedimiento canónico para alcanzar el conocimiento verdadero de las cosas. Esta herencia de la modernidad fue, y sigue siendo, el caldo de cultivo para la formación y consolidación de muchas escuelas de pensamiento que apuestan por aplicar el método científico al estudio del comportamiento humano.[1] Esto ha repercutido negativamente en la comprensión del hombre y su hacer moral en el mundo, puesto que la asunción del parámetro explicativo de las ciencias empíricas ha contribuido a que se ignoren rasgos cruciales de lo que supone experimentar el mundo *qua* hombre.

Este desarrollo histórico ha favorecido la génesis de una visión del mundo en la que los términos de valor no son considerados parte de un vocabulario fiable para describir la realidad. Desde esta óptica, las palabras utilizadas para formular juicios cualitativos solo nos ofrecerían descripciones mediadas por la sensibilidad humana, esto es, proyecciones antropocéntricas sobre un universo neutro. Esta metaética —que niega la fiabilidad epistémica del vocabulario moral— se caracterizaría por asumir una imagen naturalista del mundo en la que se presupone que el conocimiento verdadero sobre algo solo puede alcanzarse por medio del método científico. Este compromiso epistemológico implica que solo se puede adoptar una posición subjetivista y escéptica con respecto a nuestro lenguaje de evaluación. Porque los términos que utilizamos para discriminar cualitativamente la superioridad o inferioridad de una cosa o modo de vida carecen de un valor epistémico por ser caracterizaciones de la realidad que emergen de una mirada antropocéntrica del mundo.

Lo que me gustaría poner en entredicho en este escrito es precisamente la premisa de que el comportamiento humano y su dimensión moral han de ser explicados según el criterio de racionalidad de la ciencia empírica,[2] en el que la objetividad es confinada

---

[1] Algunos de los filósofos mencionados por Taylor en torno a esta línea de pensamiento son: J. L. Mackie, R. M. Hare, E. O. Wilson. Cfr. Charles Taylor, *Sources of the Self: the making of modern identity*, Cambridge, Massachusetts: Harvard University Press, 1989, pp. 3-107.

[2] Mi «poner en entredicho» tiene como meta dar visibilidad a la manera en la que el pensamiento de Charles Taylor nos permite superar la epistemología naturalista, salvaguardando la objetividad del saber científico y del saber

a una descripción de la realidad que excluye nuestra imbricación en el mundo y estigmatiza los términos a los que nos asimos para orientarnos en nuestra actividad moral. Considero que existen buenas razones para hablar de la moral en términos de objetividad, aunque para ello tengamos que abordar algunos aspectos claves de la racionalidad moderna. Para llevar a cabo este cometido, (1 y 2) presentaremos la crítica de Taylor a la epistemología moderna. Luego (3) veremos algunos aspectos fundamentales de su antropología filosófica,[3] en particular, aquellas ideas centrales de su fenomenología moral en el contexto de la razón práctica. Y, por último, (4) repensaremos la noción de objetividad tanto en el campo del saber científico como en el campo del saber moral.

1. Las características de la racionalidad moderna

Cuando hablamos de la objetividad o de que una descripción o caracterización de algo en particular es «objetiva» lo que se está señalando es que la explicación que ofrecemos se ciñe a unos protocolos o requisitos que garantizan la veracidad de nuestras observaciones. Estos requisitos criteriales constituyen una manera de interrogar la realidad estudiada y de formular respuestas a esas preguntas. Todo este procedimiento conforma un método de investigación al cual le subyace una racionalidad, una manera de pensar el ser.

En nuestra experiencia cotidiana, no es inusual ligar el concepto de racionalidad al grado en que las personas son capaces de mantener una consistencia lógica entre sus acciones y los objetivos que quieren lograr con ello. Por eso, tachamos de «irracional» a la persona que, buscando no pasar frío durante el invierno, se niega a llevar ropa cálida. Ahora bien, nuestro paradigma sobre lo racional posee una mayor riqueza conceptual, que se hace evidente cuando alguien señala que algo es verdadero porque es objetivo. Pero lo que se quiere indicar con «objetivo» es que las descripciones que se hacen de algo se ciñen al estándar explicativo de la ciencia. Con esto vemos que, para muchos, el criterio científico se ha convertido en la medida de la verdad para todos los géneros de conocimiento; se ha vuelto el medio a través del cual se valora el estatus epistémico de cualquier contenido o enunciado.

moral. Con esta aclaración «me lavo las manos» del pecado capital de todo investigador, a saber, creerse el iluminado por desconocer la inmensa tradición filosófica que le precede.

[3] El proyecto filosófico de Taylor consiste en la elaboración de una antropología filosófica en la que se busca dar con aquellos aspectos del ser humano que son invariables y que subyacen al hombre de todas las épocas. Aunque en este escrito solo subrayaremos aquellas ideas centrales que atañen a la objetividad del valor y la razón práctica, es importante tener en cuenta que esos planteamientos forman parte de un entramado teórico más grande. Para entender esquemáticamente el proyecto filosófico de Charles Taylor, Cfr. Sonia E. Rodríguez García, «Antropología filosófica y filosofía antropológica en la obra de Charles Taylor: La reflexión filosófica como proyecto vital». *Actas I Congreso internacional de la Red Española de Filosofía*, [Valencia] Vol. II, 2015, pp. 83-96.

Por ello, podríamos decir que los presupuestos del método científico han sido adoptados de modo casi irreflexivo como el paradigma por antonomasia de racionalidad. De ahí que nos veamos en la necesidad de poner de manifiesto lo que se encuentra en el seno de nuestra concepción de objetividad con el fin de ver su inadecuación para el saber moral. En otras palabras, tenemos que poner de relieve aquellas fidelidades epistemológicas que sustentan nuestra noción de racionalidad con el propósito de analizar más adelante su relación con la moral.[4] Este es el asunto que nos ocupa ahora.

Taylor sostiene que nuestro concepto de racionalidad se ha visto enormemente influido por el pensamiento griego.[5] La palabra «teoría» tiene un origen etimológico griego, *θεωρία,* que podría traducirse como «contemplación» u «observación». Este tipo de actividad contemplativa consiste en adoptar una perspectiva desvinculada de nuestra actitud natural, ya que no se tienen en cuenta nuestros objetivos ni deseos.[6] Esto lo vemos en la *República* —señala Taylor— cuando Platón defiende que conocer realmente algo (*ἐπιστήμη*) implica dar razón de ello (*λογών δωδώναι*). En consecuencia, demostramos nuestro conocimiento de algo cuando somos capaces de articular sus partes de una manera clara y ordenada. Uno de los supuestos epistemológicos de este proceder es la asunción de que el conocimiento verdadero se caracteriza por ser general, analítico y abstracto.

No es ninguna coincidencia, pues, que nuestra noción de racionalidad se asocie con una comprensión teorética de las cosas. Este paradigma explicativo del mundo busca una «descripción absoluta» del cosmos:[7] una descripción del mundo con independencia de nuestra existencia. O, en palabras de Thomas Nagel: «La visión [de las cosas] desde ningún sitio».[8] Así, la objetividad consiste en ofrecer una explicación absoluta del objeto de estudio, es decir, una descripción de este desde una perspectiva desvinculada, eliminando nuestra imbricación personal, una comprensión de las cosas que no tiene presente nuestra vinculación con la realidad.

[4] Me parece importante subrayar que nuestro concepto de racionalidad es uno de entre muchos porque tenemos constancia de comunidades históricas que poseen otra concepción de racionalidad. Taylor, por ejemplo, en uno de sus escritos menciona a la sociedad primitiva de los Azande, que no diferencian las actividades pragmáticas de las actividades expresivas. Cfr. Charles Taylor, «Rationality». En *Philosophical Papers 2: Philosophy and the Human Sciences.* Cambridge: Cambridge University Press, 1985, pp. 140-143.

[5] Cfr. *Ibid.* p. 137.

[6] Cfr. *Ibid.* p. 136: «A theoretical understanding aims at a disengaged perspective. We are not trying to understand things merely as they impinge on us, or are relevant to the purposes we are pursuing, but rather grasp them as they are, outside the immediate perspective of our goals and desires and activities».

[7] Taylor utiliza la expresión *absolute account* de Bernard Williams para referirse a una descripción objetiva del mundo que no tiene en cuenta nuestras propiedades antropocéntricas. Cfr. Charles Taylor, *Sources of the Self, op. cit.*, pp. 53-54 y Charles Taylor, «Understanding in Human Science». *The Review of Metaphysics*, 1, vol. 34, 1980, pp. 25–38.

[8] Cfr. Thomas Nagel, *The view from nowhere.* En Charles Taylor, «Lichtung or Lebensform: Parallels between Heidegger and Wittgenstein». En *Philosophical Arguments.* Cambridge: Harvard University Press, 1997. p. 83.

La racionalidad subyacente al conocimiento teorético –señala Taylor– cobró una forma muy particular en la Edad Moderna. En este periodo la gran preocupación giraba en torno al método, a la actividad de pensar correctamente. Descartes inaugura propiamente el cambio de nuestra concepción de racionalidad, aunque Locke también tuvo un papel esencial.[9] La racionalidad cartesiana no buscaba llegar a la conclusión correcta o a la visión adecuada de las cosas, sino que se centraba en el procedimiento racional que se sigue a la hora de justificar nuestras creencias. Por consiguiente, la validez de nuestras posiciones se corrobora por el procedimiento utilizado o por la manera de pensar, no por la conclusión alcanzada. En este sentido, ser racional es definido procedimentalmente, no sustantivamente.[10]

Esta preocupación por el método hizo que muchos pensadores formularan pautas acerca de lo que debía considerarse a la hora de estudiar un objeto en particular. Como resultado de estos esfuerzos, se estableció la diferencia entre las cualidades primarias y las cualidades secundarias. Las cualidades primarias hacen referencia a aquellas propiedades de las cosas que son independientes del sujeto de la experiencia, mientras que las secundarias son las propiedades de las cosas mediadas por la subjetividad humana. El color, por ejemplo, vendría a ser una cualidad secundaria, no primaria, ya que lo que percibimos como la coloración de los objetos de nuestra percepción es el aparecer o fenómeno de las cosas según nuestra estructura sensible. Por ello, para alcanzar un conocimiento objetivo, habrá que estudiar las cualidades primarias, ignorando las cualidades secundarias debido a que no pueden aportarnos un conocimiento fiable sobre la realidad. En otras palabras, según el estándar de la ciencia empírica, el conocimiento derivado de nuestra experiencia nos aporta una imagen del mundo incorrecta.

Esta atención al método y a las pautas de lo que entraña pensar correctamente está estrechamente relacionado con otro rasgo crucial de la racionalidad científica: el fundacionalismo.[11] Una teoría del conocimiento fundacionalista ratifica la validez de sus

[9] Taylor hace referencia a Descartes como un anclaje explicativo, ya que es quien —según la interpretación del canadiense— inaugura propiamente la epistemología moderna e influye notoriamente en los pensadores que vinieron después de él. Aclaro esto porque en lo que queda de explicación, el lector notará que en varias partes nos habremos distanciado de la filosofía propiamente cartesiana. Cfr. Charles Taylor, *Sources of the Self*, *op. cit.*, pp. 85-86.

[10] Cfr. *Ibid.* pp. 85-86: «I am using the word "procedural" here in opposition to "substantive". These terms can be applied to forms of ethical theory by derivation from their use to describe conceptions of reason. I call a notion of reason substantive where we judge the rationality of agents or their thoughts and feelings in substantive terms. This means that the criterion for rationality is that one gets it right. [...] By contrast, a procedural notion of reason breaks this connection. The rationality of an agent or his thought is judged by how he thinks, not in the first instance by whether the outcome is substantively correct. Good thinking is defined procedurally».

[11] Cfr. Charles Taylor, «Foundationalism and the Inner-Outer Distinction». En *Reading McDowell: On Mind and World.* Editado por Nicholas H. Smith, London: Routledge, 2003, p. 109: «The aim of foundationalism is to peel back all the layers of inference and interpretation, and get back to something genuinely prior to them all, a brute Given: then to build back, checking all the links in the interpretive chain. Foundationalism involves the double move, stripping down to the unchallengeable and building back up».

afirmaciones por medio de un razonamiento apodíctico: se descomponen todas las partes de una conclusión para establecer una cadena regresiva de todas las creencias implícitas en esa aserción, hasta dar con esas creencias básicas o fundacionales que serían la piedra angular de las demás creencias derivadas que se ponen en juego al afirmar algo. Dicho de otro modo, por medio de este procedimiento llegamos a las ideas simples que son evidentes, sobre las que supuestamente no cabe ninguna duda y desde las cuales podemos derivar con legitimidad otras creencias. Estas ideas fundacionales vendrían a ser el criterio de suficiencia en función del cual el resto de las ideas adquiere su validez. En Descartes, encontramos el ejemplo paradigmático la claridad y la distinción de las ideas como el procedimiento canónico que puede garantizarnos el conocimiento verdadero. En el caso de Locke, las reglas de la evidencia creíble serían el estándar explicativo que deben seguir nuestros razonamientos.[12]

Vemos, por tanto, que la racionalidad científica toma partido por un conocimiento teorético de las cosas que se alcanza por medio de un método que solo tiene en cuenta las cualidades primarias de los objetos de estudio. Esta atención a las cualidades primarias es lo que le permite formular una explicación absoluta, esto es, una descripción del mundo con independencia de nuestra existencia. Pero el espíritu inquisitivo que impulsó y dio lugar a la revolución científica del siglo XVII también fue el que, a causa de su inmodestia, abrió paso al naturalismo moderno, que ha sido el responsable del escepticismo moral que sigue vigente en nuestros días.

2. La impostura del naturalismo moderno

Taylor reconoce la utilidad que tiene el adoptar una perspectiva desvinculada de las cosas, si lo que se busca con ello es describir el funcionamiento de los entes físicos con independencia de nuestra imbricación en el mundo. Pero, según el canadiense, la racionalidad científica, en su aspiración hiperbólica a la objetividad, extralimitó: lo que en un principio buscó como cura para sus dudas e inconsistencias —la descripción absoluta de las cosas— se volvió la razón de su error. El giro fatídico de la epistemología moderna fue su exceso de objetividad, que se manifiesta en la ontologización de su procedimiento racional.

> No hay nada malo en esta aspiración [a la objetividad...] excepto quizás su forma hiperbólica [...]. Si la enunciáramos de forma algo más modesta, como el objetivo de desvincularnos de aquellos rasgos de nuestra perspectiva pre-reflexiva, que llegamos a reconocer como distorsionadores de la realidad, entonces no solo sería inobjetable sino una condi-

[12] Cfr. Charles TAYLOR, «Lichtung or Lebensform: Parallels between Heidegger and Wittgenstein». En *Philosophical Arguments. op. cit.*, p. 85.

ción indispensable para realizar, digamos, la física moderna. El giro fatídico fue, una vez más, la ontologización de esta perspectiva desvinculada.[13]

Taylor denomina esto como la «ontologización del procedimiento racional» porque se parte de una manera de conocer la realidad —el método científico— a la afirmación de que la realidad es así. Dicho de otro modo, el paso nefasto que dio la racionalidad moderna fue la reificación de esta visión desvinculada de las cosas. La impostura radica en haber convertido esa mirada desinteresada, esa visión del mundo «desde ningún lado» en el estatus ontológico de la realidad, tachando el resto de las perspectivas de error y distorsión. Así, la epistemología moderna se extralimita con respecto a su alcance explicativo porque no se atiene a proponer un método de conocimiento —dejando lugar para otros métodos de investigación que se corresponden con otros géneros de conocimiento—, sino que otorga un estatus privilegiado a su procedimiento racional, reduciendo nuestra ontología a las formulaciones mecanicistas según el parámetro explicativo de las ciencias naturales. En la apuesta por una descripción objetiva de las cosas, la realidad se define restrictiva y reduccionistamente como un mecanismo, o sea, como una ontología mecanicista.

Esta ontologización puede interpretarse como una ontologización doble porque la epistemología moderna no solo configura una realidad mecanicista (primera ontologización), sino que para ello también tiene que tomar partido por una concepción del sujeto cognoscente (segunda ontologización), cuya estructura mental se describe como una máquina procesadora de datos.[14] En este sentido, la epistemología moderna se suscribe a una teoría del conocimiento representacionalista en que la mente construye representaciones de las cosas externas. Hablamos de «representación» porque «el conocimiento es visto como la representación correcta de una realidad independiente»,[15] o, lo que es lo mismo, el conocimiento no es otra cosa que la correcta representación interna de una realidad externa.[16]

---

[13] *Ibid.*, p. 88: «There is nothing wrong with this aspiration [to objectivity…] except perhaps the hyperbolic form […]. If we stated it slightly more modestly, as the goal of disengaging from those features of our pre-reflective outlook which we come to discover are distortive of reality, then it is not only unexceptionable but an indispensable condition of pursuing, say, modern physics. The fateful move was, once again, the ontologizing of this disengaged perspective». Todas las traducciones al castellano son mías.

[14] Esto Taylor lo define como una visión computacional de la mente y del conocimiento. Cfr. Charles Taylor, «Lichtung or Lebensform: Parallels between Heidegger and Wittgenstein». En *Philosophical Arguments. op. cit.,* p. 84.

[15] Charles Taylor, «Overcoming Epistemology». En *Philosophical Arguments.* Cambridge: Harvard University Press, 1997. p. 13: «knowledge is to be seen as correct representation of an independent reality».

[16] Cfr. Charles Taylor, «Foundationalism and the Inner-Outer Distinction». En *Reading McDowell: On Mind and World. op. cit.,* p. 106: «A crucial feature of this view is that it portrays our understanding of the world as taking place in a zone, surrounded by and (hopefully) in interaction with a world, which is thus seen as playing the role of Outside to its Inside. This deep and powerful image raises the issue of the boundary. Inside and outside have to

Siendo así las cosas, esta teoría del conocimiento resuelve la problemática del «límite» —esa interacción entre el interior y el exterior— por medio de las dos «ontologías de la desvinculación»:[17] la ontología mecanicista y el yo desvinculado. La primera ontologización da lugar a una imagen del mundo definida como un mecanismo, mientras que la segunda ontologización da origen a un sujeto cognoscente cuya mente se concibe «bajo los mismos principios explicativos que la naturaleza desencantada»,[18] esto es, como una máquina procesadora de datos. Esta segunda ontologización implica una visión del ser humano como un yo desvinculado, esto es, un sujeto que se encuentra desligado de su entorno y cuya mente recibe pasivamente impresiones o átomos de información que son procesados por medio de un ejercicio reflexivo —esto es, escrudiñando los eslabones de esa cadena argumental por medio de un procedimiento canónico— teniendo como resultado representaciones correctas del mundo externo.

Taylor denuncia el carácter restrictivo de la epistemología moderna porque nos obliga a asumir un mundo que no puede ser contemplado de otra manera que la mecanicista. Esta ontología materialista se establece por medio de una ciencia que se precia de ser neutral, universal y libre de prejuicios. Ahora bien, el mundo mecanicista que se nos presenta como *la realidad* no es otra cosa —sostiene Taylor— que una descripción del mundo en conformidad con una teoría explicativa que parte de un prejuicio naturalista. Porque si lo que consideramos «el conocimiento verdadero de las cosas» es la descripción de la realidad según la ciencia, entonces las cualidades secundarias o las propiedades antropocéntricas —que remiten a la manera como el hombre experimenta su mundo y, por tanto, su dimensión moral– no tendrían otro estatus que el de simple error o confusión. Es decir, en esta imagen metafísica del hombre y del mundo no habría ningún espacio en el que las propiedades referentes al sujeto gozasen de algún tipo de legitimidad. Esto merma y menoscaba nuestra dimensión moral porque restringe el estatus de lo verdadero a una perspectiva desvinculada de las cosas que niega la ontología implícita de nuestra fenomenología moral.

Por ello, Taylor aboga por volver al dato concreto con el fin de ofrecer formulaciones desde una teoría explicativa que se adecue al objeto de estudio y lo describa tan exhaustivamente como sea posible. Para el canadiense, la conjugación de la fenomenología y la hermenéutica constituye un mejor método para analizar al ser humano y su hacer en el mundo. Aunque hay muchas ideas que cabría mencionar, nos limitaremos

interact; this is indeed implicit in the very idea of knowledge: what goes on in the inner zone is meant to be in some way at least partly modeled on what exists outside».

[17] Charles Taylor, «Lichtung or Lebensform: Parallels between Heidegger and Wittgenstein». En *Philosophical Arguments. op. cit.*, p. 90: «ontologies of disengagement».

[18] Charles Taylor, «Foundationalism and the Inner-Outer Distinction». En *Reading McDowell: On Mind and World. op. cit.*, p. 107: «on the same explanatory principles as disenchanted nature».

a aquellas que atañen a la fenomenología moral en el contexto de la razón práctica o, lo que Taylor llama «el razonamiento práctico *ad hominem*».[19]

3. El razonamiento práctico *ad hominem*

Taylor tomará como punto de partida de su análisis la experiencia de la emoción para averiguar el papel que tiene esta en la comprensión de nuestro mundo: «Muchos de nuestros sentimientos, emociones, deseos, es decir, gran parte de las motivaciones que experimentamos, son de tal naturaleza que decir correctamente lo que son implica expresar o hacer explícito un juicio sobre el objeto de la emoción».[20]

Taylor sostiene que las emociones que experimentamos implican un objeto que es irreductible a la emoción misma.[21] Es decir, las emociones tienen una relación con los objetos de nuestra experiencia sensible. La experiencia del miedo, por ejemplo, supone el percibir algo como aterrador. Otro caso similar sería el de la experiencia de culpa o remordimiento: hay alguna situación o cosa que interpreto como inmoral o degradante. El sentir una determinada emoción significa que experimentamos una situación como algo que posee unas características o propiedades concretas. En otras palabras, sentir algo es percibir cualitativamente una situación. Esto es lo que lleva al canadiense a identificar el objeto de la emoción como un rasgo fenomenológico esencial de la emoción humana.

Lo que esto quiere decir —prosigue Taylor— es que en nuestra actividad en el mundo tenemos noticia de un «significado experiencial» (*experiential meaning*) por medio de nuestra estructura emocional. Hay sentimientos que tenemos con respecto a una situación o cosa en la que intuimos algo significativo, pero no sabemos de qué se trata hasta que articulamos o expresamos lingüísticamente el significado experiencial. En otras palabras, por medio de la articulación lingüística ese significado implícito en la emoción se hace distinguible y manifiesto; esto es lo que nos permite llegar al «significado lingüístico» (*linguistic meaning*).[22] A este respecto, la palabra correcta nos presen-

[19] Charles TAYLOR, «Explanation and Practical Reason». En *Philosophical Arguments*. Cambridge: Harvard University Press, 1997. p. 55: «Ad hominem mode of practical reasoning».

[20] Charles TAYLOR, «Self-interpreting Animals». En *Philosophical Papers 1: Human Agency and Language*. Cambridge: Cambridge University Press, 1985, p. 47: «Many of our feelings, emotions, desires, in short much of our experienced motivation, are such that saying properly what they are like involves expressing or making explicit a judgement about the object they bear on».

[21] Taylor se adelanta a responder una posible objeción: hay emociones que no implican un objeto concreto, tal como sería el caso de una persona que siente una ansiedad general o miedo sin saber indicar un objeto en particular. Pero, según Taylor, la experiencia de este tipo de ansiedad o miedo conlleva el percibir la ausencia de dicho objeto. Cfr. *Ibid.*, 48: «The empty slot where the object of fear should be is an essential phenomenological feature of this experience».

[22] Cfr. Charles TAYLOR, «Interpretation and the Sciences of Man». En *Philosophical Papers 2: Philosophy and the Human Sciences*. Cambridge: Cambridge University Press, 1985, p. 23.

ta el fenómeno por primera vez.[23] No es que no sintamos o percibamos el significado experiencial hasta que lo articulamos o expresamos de alguna manera, sino que el fenómeno de comprender algo como significativo cobra una forma concreta por primera vez al darle una formulación, aunque esta no sea la más adecuada en un primer intento.

Ahora bien, las propiedades de los objetos que intentamos expresar por medio de palabras —subraya Taylor— no son algo que pueda desestimarse fácilmente indicando, por ejemplo, que se trata de algo meramente subjetivo. En efecto, en nuestra experiencia humana nos percatamos de que hay propiedades intrínsecas en los objetos de nuestra emoción que percibimos como normativas para el deseo, es decir, como algo que deberíamos desear incluso cuando no lo hacemos.[24] Esto implica que la deseabilidad del objeto de nuestra emoción —que se nos presenta como un bien— reside en su valor y no en el hecho de que así lo sintamos.

El reconocimiento de la diferencia entre la emoción y el objeto de la emoción —como portadora de una serie de propiedades intrínsecas irreductibles a la emoción— nos permite llevar a cabo un discernimiento racional sobre las cuestiones más apremiantes. Por medio de nuestro razonamiento práctico intentamos averiguar si lo que hemos percibido cualitativamente se adecua correctamente a las características inherentes al objeto de mi reacción moral. En consecuencia, el asunto central al deliberar sobre temas de gran trascendencia tiene que ver con la corrección de nuestras adscripciones valorativas.

Pongamos por caso el tema de la raza para ilustrar lo que venimos diciendo hasta ahora. Muchos pensamos que debe de haber alguna manera en la que podamos demostrar que es un acto vil el asesinar a una persona por su origen étnico. Sin embargo, tras un primer intento, puede parecernos imposible encontrar un nexo que nos permita entablar un diálogo con aquellos que están totalmente convencidos de la posición contraria y que parecen rechazar la intuición o el deber moral del respeto a la integridad y la vida de los demás. Pero, si indagamos un poco más en el razonamiento de los nazis o de los supremacistas blancos de Norteamérica —por aludir a los casos más conocidos—, nos daremos cuenta de que ellos ofrecen una justificación racional que no rechaza ese compromiso moral. Ellos no defienden que el matar abiertamente a sus iguales sea algo bueno o permisible, sino que recurren a toda una batería de argumentos

[23] Cfr. Charles Taylor, *The Language Animal*, Cambridge, Massachusetts: Harvard University Press, 2016, p. 178: «The "right word" here discloses, brings the phenomenon properly into view for the first time. Discovery and invention are two sides of the same coin; we devise an expression which allows what we are striving to encompass to appear. This is a crucial facet of our language capability, which I will call "articulation"».

[24] Cfr. Charles Taylor, «Understanding and ethnocentricity». En *Philosophical Papers 2: Philosophy and the Human Sciences*. Cambridge: Cambridge University Press, 1985, p. 120: «the goods putatively identified are not seen as constituted as good by the fact that we desire them, but rather are seen as normative for desire. That is, they are seen as goods which we ought to desire, even when we do not, goods such that we show ourselves up as inferior or bad by our not desiring them».

para justificar racional o moralmente esa suspensión de la regla general del respeto a la vida. En pocas palabras, los victimarios recurren a una argumentación especial para justificar un acto en particular que incluso ellos, en la ausencia de esa circunstancia «especial», identificarían como una vileza, como algo reprensible moralmente.

Esto se ve claramente cuando se le pregunta al supremacista blanco la razón por la que no siente el mismo respeto hacia las personas negras: enseguida hace un listado de las propiedades intrínsecas del objeto de su emoción —la persona negra—, señalando que las personas de color no poseen la misma inteligencia o que no tienen un alma como la nuestra o que son seres salvajes. Es decir, para que estas personas puedan actuar del modo en que lo hacen tienen que recurrir a una razón de peso que legitime la excepción a ese límite reconocible por todos y al que de hecho nos adherimos, a saber, que hay que respetar la vida humana. De ahí que para permitir un genocidio a tal escala se requiera de todo tipo de razones descabelladas: «Tienen que convencerse a sí mismos con algún pretexto o alegato en especial [...], que intente hacer cuadrar sus prácticas con alguna versión reconocida de la prohibición de matar. Pero estos argumentos son vulnerables a la razón y, de hecho, apenas resisten la mirada crítica de un pensamiento sosegado».[25]

El hecho de que el supremacista blanco perciba de ese modo el objeto de su emoción no quiere decir que no haya manera de hacerle cambiar de parecer. Como bien señala Taylor, «esos argumentos son vulnerables a la razón» porque aquellas propiedades o características que suscitan un sentido de respeto en el supremacista son irreductibles a la emoción misma. En nuestro diálogo con el supremacista, podríamos preguntarle qué es aquello que le mueve a respetar a las personas blancas; nuestro interlocutor podría mencionar que la raza blanca es superior a la negra porque es más inteligente o porque se caracteriza por tener una conciencia moral elevada. Naturalmente, nosotros le demostraríamos que esas características o propiedades que suscitan en él un profundo sentimiento de respeto hacia los blancos también las poseen los negros.

Es sumamente importante notar el matiz de este proceder *ad hominem*: no le estamos pidiendo al supremacista que acepte un principio moral que le es indiferente, sino que estamos apelando a las razones que suscitan en él un sentido de respeto y le estamos mostrando que esas mismas características las poseen las personas negras. Estamos presentando argumentos que ponen de relieve el hecho de que su desprecio es infundado, ya que ha ignorado cualidades del objeto de su reacción. La persona en cuestión no puede rechazar nuestra corrección y al mismo tiempo mantener su posición con lucidez: porque para rechazar nuestra corrección tendría que negar que esas características

[25] Charles Taylor, «Explanation and Practical Reason». En *Philosophical Arguments. op. cit.*, p. 53: «They have to talk themselves into some special plea [...] which purport to square their policies with some recognized version of the prohibition against killing. But these pleas are vulnerable to reason, and in fact barely stand up to the cold light of untroubled thought».

que le llevan a respetar a los blancos no son bienes reconocidos por él. Nosotros, por nuestro lado, le habríamos demostrado que la emoción de desprecio a los negros no es meritoria porque la adscripción de la emoción sobre el objeto de la emoción es irracional, ya que el objeto de la emoción —la persona negra— es portadora de aquellas características que suscitan su sentido de respeto, no su sentido de desprecio.

A la luz de esto, podemos ver que una de las grandes diferencias entre el razonamiento procedimental y el razonamiento *ad hominem* se encuentra en la fuente de validación: en el primero, se presupone un criterio en el que un conjunto de consideraciones —una razón suficiente, una serie de premisas— es el que garantiza la verdad de nuestras opiniones; en el segundo, no hay ningún criterio externo que valide nuestras posiciones, sino tan solo un bien o una constante humana que percibimos como indispensable. Dicho de otro modo, en el proceder apodíctico-fundacional se apela a un hecho o consideración que todos tienen que reconocer con independencia de las emociones y valoraciones, mientras que en la argumentación *ad hominem* se apela a ese compromiso universal, a ese bien que es reconocido, implícita o explícitamente, por todos.

Por medio del razonamiento *ad hominem,* resolvemos disputas morales a través de juicios comparativos que nos permiten movernos de una posición a otra, obteniendo con ello una mayor claridad sobre el asunto o, si se quiere, una reducción del error.[26] Pero siempre partimos de un bien respecto del cual nos encontramos comprometidos *de facto*. Por tanto, lo que se intenta a través del diálogo es modificar la lectura o interpretación que nuestro interlocutor hace de la situación, o sea, le ayudamos a ver si esa caracterización que la emoción adscribe a la cosa o situación es justificada según las propiedades intrínsecas del objeto de la emoción.

Desde la perspectiva del naturalismo —afirma Taylor— se nos acusaría de estar cayendo en la famosa «falacia naturalista», al justificar la deseabilidad de algo por medio del hecho de que lo deseamos, o al fundamentar la validez de la argumentación *ad hominem* señalando el hecho de que efectivamente esa es la manera en la que razonamos y deliberamos sobre las cuestiones que más nos atañen.[27] Pero esta objeción presupone como adecuada, por un lado, la aplicación del criterio de racionalidad de las ciencias empíricas que se caracteriza por pasar por alto las cualidades antropocéntricas

[26] Cfr. Charles Taylor, *Sources of the Self, op. cit.*, p. 72: «Practical reasoning, as 1 have argued elsewhere, is a reasoning in transitions. It aims to establish, not that some position is correct absolutely, but rather that some position is superior to some other. It is concerned, covertly or openly, implicitly or explicitly, with comparative propositions. We show one of these comparative claims to be well founded when we can show that the move from A to B constitutes a gain epistemically. This is something we do when we show, for instance, that we get from A to B by identifying and resolving a contradiction in A or a confusion which A relied on, or by acknowledging the importance of some factor which A screened out, or something of the sort. The argument fixes on the nature of the transition from A to B. The nerve of the rational proof consists in showing that this transition is an error-reducing one. The argument turns on rival interpretations of possible transitions from A to B, or B to A».

[27] Cfr. Charles Taylor, «Explanation and Practical Reason». En *Philosophical Arguments. op. cit.*, p. 54.

y, por otro, que el argumento moral necesita de un criterio al estilo procedimental. Taylor considera que estas dos suposiciones se basan en un prejuicio metafísico de corte naturalista.

Hay que reconocer, sin embargo, que el razonamiento *ad hominem* no garantiza que uno, en efecto, esté en lo cierto. De hecho, a menudo se puede observar que muchas personas, poseídas por una ideología, presumen de haber tenido una epifanía que las ha llevado hasta ella. Este aspecto problemático de la razón práctica es una de las causas por las que la epistemología naturalista, a simple vista, parece garantizarnos un camino libre de engaños, por cuanto rechaza por completo la fiabilidad de nuestras valoraciones morales como fuente de verdad. Pero el filósofo canadiense sostiene que el hacer eso no representaría una verdadera solución a este asunto, sino que sería cambiar de tema por completo. El único modo de que se me pueda convencer de mi error es a través de una interpretación distinta de lo que he vivido biográficamente como ganancia epistémicamente. El hecho de que este proceder —dependiente de nuestras propiedades antropocéntricas— esté lleno de obstáculos no implica *a priori* que sea impracticable; de hecho, es el único posible.[28]

Según esto, vemos que, en nuestro hacer moral, tenemos noticia de una serie de bienes que se nos presentan con un halo de normatividad. Por medio de nuestra estructura emocional percibimos el valor de las cosas que es irreductible a la emoción, ya que el valor percibido en los objetos de nuestra emoción no es el resultado de nuestra elección. De ahí que sintamos el reclamo del bien, incluso cuando queremos ignorarlo o cuando no nos comportamos de acuerdo con el camino que nos marca como el correcto.

4. Repensando la objetividad

Tras haber presentado los presupuestos de la racionalidad científica, la impostura del naturalismo con la ontologización del método y la manera en la que delibramos sobre asuntos humanos por medio de la razón práctica *ad hominem*, estamos preparados para repensar la objetividad en el conjunto del saber.

---

[28] Cfr. Charles TAYLOR, *Sources of the Self, op. cit.*, p. 74: «The intrinsic connection between seeing and feeling in this domain has, of course, been grist to reductionist mills. It is easy to rush in with the standard subjectivist model: the good's importance reposes just in its moving us so. But this model is false to the most salient features of our moral phenomenology. We sense in the very experience of being moved by some higher good that we are moved by what is good in it rather than it is valuable because of our reaction. [...] The whole thing could be just a projection of some quite ordinary desire which confers this seemingly exalted status on some object, surrounds it with a halo of the higher. Indeed, it could be. But I could also be right. The only way to decide is by raising and facing this or that particular critique. Is there a transition out of my present belief which turns on an error-reducing move? Do I have to recognize, for instance, that previously unavowed fears and desires of a discreditable kind have been lending lustre to this good, which it quite loses when these are factored out? What successfully resists all such critique is my (provisionally) best account. There is nothing better I could conceivably have to go on. Or my critics either for that matter».

Pues bien, tanto en el caso del conocimiento científico como en el caso del conocimiento moral se utiliza un lenguaje reglamentado como herramienta para generar formulaciones acerca de la realidad. La reglamentación del lenguaje se efectúa por medio de una discriminación de las entidades en las que algunas son admitidas mientras que otras son estigmatizadas.[29] Estas entidades forman parte de los «vocabularios» que se utilizan en distintos campos, pero no todos los vocabularios tienen el mismo estatus, pero pueden, de hecho, entrar en conflicto. Lo que esto quiere decir es que se interpreta el vocabulario ajeno por medio del vocabulario base en el que se encuentran recogidas las entidades admitidas según un criterio normativo. En el caso del conocimiento científico, el lenguaje es reglamentado de acuerdo con un criterio de suficiencia que hace caso omiso a nuestras propiedades antropocéntricas, ya que busca formular una descripción objetiva de la realidad.

El gran problema de la epistemología naturalista —señala Taylor— es que considera su vocabulario base como un vocabulario universal, puesto que otorga a las entidades admitidas en su lenguaje un estatus ontológico. En otras palabras, las entidades admitidas por el naturalismo no son vistas como parte de un método para conocer la realidad, sino que tienen pretensión ontológica. Esto quiere decir que toma el vocabulario base como el vocabulario normativo desde del cual todos los demás vocabularios son juzgados y valorados epistémicamente. En consecuencia, el vocabulario estigmatizado es visto como «incognoscible, incomprensible, o irreal».[30] De este modo, el naturalismo epistemológico no deja lugar para el reconocimiento y la validez del lenguaje valorativo que penetra y revela otro orden de cosas, a saber, la manera en la que experimentamos el mundo *qua* hombres. De ahí la necesidad de repensar la objetividad en lo concerniente a los términos de valor.

Una de las principales razones por las que el lenguaje científico no resulta, a simple vista, nada problemático es porque hace referencia a realidades independientes a los seres humanos. En líneas generales, la racionalidad científica se basa en lo que Taylor denomina «la teoría designativa del lenguaje» o «la teoría del encuadre» (*enframing theory*),[31] porque esta doctrina del significado lingüístico parte de una visión representacionalista del conocimiento en la que el lenguaje tiene la función de encuadrar o enmarcar una cosa en una palabra. Como el lenguaje valorativo hace referencia a realidades antropocéntricas —esto es, realidades dependientes del ser humano— su estatus es el de un vocabulario estigmatizado. Pero Taylor rechaza la noción de que el lenguaje solo se limite a la designación de objetos independientes porque, por medio de

[29] Este desarrollo acerca de la reglamentación del lenguaje Taylor la toma de Robert Brandom. Cfr. Robert Brandom, *Between Saying and Doing: Towards an Analytic Pragmatism*. En Charles Taylor, *The Language Animal*, *op. cit.*, p. 120.

[30] *Ibid.*

[31] Cfr. Charles Taylor, *The Language Animal*, *op. cit.*, pp. 3-4.

nuestra fenomenología moral, tomamos conciencia de que sin los términos de valor no podríamos orientarnos en el mundo.

El hecho de que nuestro vocabulario moral no se refiera a objetos físicos que yacen fuera de nosotros en nuestro campo perceptivo o a características fisicoquímicas formulables en patrones, no implica que sea un asunto subjetivo.[32] En efecto, relación de dependencia que tienen los términos de valor no impide el reconocimiento de que, en efecto, respondemos a algo independiente a nosotros. Taylor sostiene que hay tres rasgos en esta relación de dependencia:[33] (1) nuestro lenguaje de valoración es dependiente de nosotros porque tenemos que existir como especie humana para que estos significados existan, pero (2) además dependen de nuestra articulación, es decir, hacen referencia a significados que existen por medio de la expresión que les damos.

Esto no es así, por ejemplo, en el caso de las realidades independientes a las que accedemos por medio de la función designativa del lenguaje. En el caso de las necesidades nutricionales, estas no dependen de nosotros porque la expresión lingüística no las constituye, sino que es un medio para describir un hecho biológico que se encontraba previamente a la descripción. En cambio, en el caso de los términos valorativos, el significado de los objetos de nuestra emoción se puede ver alterado por medio de otra articulación que exprese mejor sus propiedades intrínsecas. De ahí que una nueva formulación pueda alterar la emoción: lo que a primera vista describía como traición, en realidad, era fruto de mi tendencia controladora; o los celos que en un primer momento veía como justificados, ahora los veo como fruto de un trauma de la infancia, y por tanto la emoción que siento es distinta. En este sentido, la articulación lingüística es constitutiva al objeto descrito.

Ahora bien, que por medio del lenguaje moral describamos objetos dependientes en el sentido (1) y (2) no niega la independencia de estos objetos en un tercer sentido (3) porque estamos respondiendo a características o cualidades que percibimos como normativas para el deseo, incluso cuando no las deseamos. A este respecto, la deseabilidad de una cosa no tiene su génesis en una elección radical al estilo sartreano ni es fruto de la voluntad de poder que reside en nosotros. La deseabilidad de algo se basa en las propiedades inherentes de los objetos de nuestra emoción, cualidades que reclaman nuestra atención, que percibimos como admirables y respecto de las cuales sentimos un compromiso fundamental. Y es en este sentido que estamos respondiendo a una realidad objetiva e independiente.

[32] Cfr. Charles TAYLOR, *Sources of the Self*, *op. cit.*, p. 59: «Of course, the terms of our best account will never figure in a physical theory of the universe. But that just means that our human reality cannot be understood in the terms appropriate for this physic [...]. Just as physical science is no longer anthropocentric, so human science can no longer be couched in the terms of physics».

[33] Cfr. Charles TAYLOR, *The Language Animal*, *op. cit.*, p.194.

Por estas razones, podríamos decir que la realidad moral a la que hacen referencia los términos de valor es una exigencia ontológica, ya que ese lenguaje de interpretación es el que nos permite comprender lo que es vivir en el universo como un ser humano. Dicho de otro modo, una vez que reconocemos la existencia ontológica del hombre como un ente físico en el mundo, no habría ninguna razón para rechazar que su dimensión moral es una exigencia ontológica derivada de la primera. Desde esta perspectiva, las palabras que utilizamos para evaluar nuestras vidas y comprender las acciones de los demás vendrían a ser parte de la estructura de la realidad, esto es, de nuestra «ontología moral».[34] Esta última sería aquella descripción de la realidad según el sujeto de la experiencia que vive en un espacio de inquietudes morales. Lo que el naturalismo interpreta como «proyección», para nosotros vendría a ser una parte constitutiva del mundo según nuestra experiencia en él: nuestras descripciones de la realidad pretenden ser articulaciones ontológicas sobre aquello de lo que tenemos noticia a través de la emoción. Pero lo que describe y pretende revelar es un espacio moral, no un espacio físico. Así entendida, nuestra ontología moral sería igual de objetiva que la ontología material de la ciencia, dado que nuestro hacer en el mundo presupone o exige la existencia del bien.

Según esto, los planteamientos de Taylor sientan las bases para repensar la noción de objetividad. Lo que voy a proponer a continuación se desmarca de la terminología tayloriana, aunque sin abandonar sus fundamentos. En el contexto de la moral, estaríamos hablando de una objetividad distinta la objetividad científica. Esto significa que podríamos hablar de dos tipos de objetividad: una «objetividad primaria» y una «objetividad derivada». La primera estaría relacionada con la ontología material, es decir, aquel ámbito de la realidad que se estudia por medio del procedimiento científico; mientras que la segunda sería aquella perteneciente a la ontología moral, a saber, la descripción de la realidad según el sujeto de la experiencia que vive en un espacio de inquietudes morales.

El naturalismo no nos concede una ontología más completa o rica, sino tan solo aquella ontología material estudiada mediante los parámetros explicativos de las ciencias empíricas. Pero, como hemos visto, la realidad tiene otro ámbito ontológico que depende de nosotros, en el que esa dependencia no supone una razón de peso para desestimarla o tacharla de falsa. Esa es una de las razones por las que me ha parecido pertinente usar el término «objetividad derivada». La ontología moral solo puede derivarse de la ontología material porque sin esta última no existiría la primera; la ontología material es condición de posibilidad de la ontología moral. Ahora bien, una vez aceptado que existimos, nuestra ontología moral —que se manifiesta y es comprendida a través de nuestro lenguaje de valoración— no es menos verdadera que la ontología material que es estudiada por medio de un lenguaje científico.

[34] Charles Taylor, *Sources of the Self*, *op. cit.*, p. 8: «moral ontology».

Reformuladas así las cosas, la antropología filosófica de Taylor nos permite reconocer una objetividad científica o primaria y una objetividad moral o derivada. Pero, desde nuestras coordenadas, eliminaríamos el carácter hiperbólico que ha acompañado a la objetividad científica desde el punto de vista de la epistemología naturalista. Desde nuestra perspectiva, el método científico es tan solo una manera, si bien muy útil, de interrogar la realidad. Recuperamos el valor del método científico, pero purgándolo de su pretensión ontológica, esto es, de equiparar sus formulaciones con la realidad misma. De este modo damos paso a una ontología más rica —la ontología moral—, que no se contrapone a la ontología material, sino que emerge de esta última, aunque sea cualitativamente distinta e irreductible a ella.[35] En otras palabras, existe una continuidad entre la ontología material y la ontología moral. Esta ontología moral reconoce la independencia que tienen los términos de valor, es decir, pone de relieve que el bien tiene un estatus objetivo y normativo, aunque sea una realidad dependiente de nuestra forma de vida.[36]

En conclusión, los planteamientos antropológicos de Taylor nos permiten repensar la objetividad sin necesidad de alimentar dicotomías innecesarias. La disyuntiva entre el saber científico y el saber moral queda superada cuando reconocemos que se trata de dos modos distintos de interrogar la realidad. El primer saber nos revela el funcionamiento del mundo material o físico, mientras que el segundo nos revela un espacio moral en el que, por medio de nuestro lenguaje valorativo, nos orientamos con respecto al bien. Puede que los bienes que se nos presentan como una realidad objetiva —al ser constituidos por nuestra articulación lingüística— estén sujetos a reformulaciones que expresen mejor esos significados sentidos; puede que nuestro razonamiento práctico no nos conceda una certeza absoluta de que nuestras posiciones éticas son verdaderas o infalibles. No obstante, esta no es una razón suficiente para negar el estatus normativo del bien y entregarnos desesperadamente al escepticismo. Lo que tenemos, en cambio, es una confianza en que nuestras ideas o formulaciones presentes son aproximaciones más acertadas de aquello que nos apela singularmente y que nos llama a un

[35] En su última obra, *Cosmic Connections*, Taylor expresa cierto malestar en relación con el término «ontológico» porque, en su uso general, solamente designa algo independiente a nosotros que existiría incluso si nosotros dejáramos de existir. Por ello, el canadiense señala que sería necesario expandir su significado para que incorpore aquellas realidades humanas (como la percepción del valor) que tienen, sin embargo, un estatus independiente y objetivo. Cfr. Charles Taylor, *Cosmic Connections*, Cambridge, Massachusetts: Harvard University Press, 2024, p. 53.

[36] Esta continuidad ontológica que reconoce tanto la realidad de la materia como la realidad del valor es lo que, a mi parecer, Taylor quiere decir cuando define su posición como un «realismo robusto pluralista» (*pluralistic robust realism*). He preferido no abordar el tema de este artículo desde esa terminología porque, según mis lecturas, no se encuentra en ningún otro lado en el corpus filosófico de Taylor y además trata de muchas más cosas de las que podemos tratar aquí. Cfr. Hubert Dreyfus y Charles Taylor. *Retrieving Realism*. Cambridge, Harvard University Press, 2015, p. 154.

modo de vida trascendiendo las fronteras del oportunismo y la conveniencia.[37] Lo que nos ofrece la razón práctica *ad hominem* es un camino para hacia una comprensión menos distorsionada del bien. Y con ello, y esta es la clave, la oportunidad de llegar a ser buenos.

Referencias bibliográficas

DREYFUS, Hubert; TAYLOR, Charles, *Retrieving Realism*. Cambridge: Harvard University Press, 2015.

RODRÍGUEZ GARCÍA, Sonia E., «Antropología filosófica y filosofía antropológica en la obra de Charles Taylor: La reflexión filosófica como proyecto vital». *Actas I Congreso Internacional de la Red Española de Filosofía,* [Valencia] Vol. II, 2015, pp. 83-96.

TAYLOR, Charles, *Cosmic Connections*. Cambridge, Massachusetts: Harvard University Press, 2024.

TAYLOR, Charles, «Explanation and Practical Reason». En Philosophical Arguments. Cambridge: Harvard University Press, 1997.

TAYLOR, Charles, «Foundationalism and the Inner-Outer Distinction». En *Reading McDowell: On Mind and World*. Editat per Nicholas H. Smith. London: Routledge, 2003.

TAYLOR, Charles, «Interpretation and the Sciences of Man». En *Philosophical Papers 2: Philosophy and the Human Sciences*. Cambridge: Cambridge University Press, 1985.

TAYLOR, Charles, «Justice after Virtue». En John Horton & Susan Mendus (eds.), *After Macintyre: Critical Perspectives on the Work of Alasdair Macintyre*. Notre Dame: University of Notre Dame Press, 1994.

TAYLOR, Charles, «Lichtung or Lebensform: Parallels between Heidegger and Wittgenstein». En Philosophical Arguments. Cambridge: Harvard University Press, 1997.

TAYLOR, Charles, «Overcoming Epistemology». En Philosophical Arguments. Cambridge: Harvard University Press, 1997.

TAYLOR, Charles, «Rationality». En *Philosophical Papers 2: Philosophy and the Human Sciences*. Cambridge: Cambridge University Press, 1985.

TAYLOR, Charles, «Self-interpreting Animals». En *Philosophical Papers 1: Human Agency and Language*. Cambridge: Cambridge University Press, 1985.

TAYLOR, Charles, *Sources of the Self: the making of modern identity*. Cambridge, Massachusetts: Harvard University Press, 1989.

TAYLOR, Charles, *The Language Animal*. Cambridge, Massachusetts: Harvard University Press, 2016.

TAYLOR, Charles, «Understanding and ethnocentricity». En *Philosophical Papers 2: Philosophy and the Human Sciences*. Cambridge: Cambridge University Press, 1985.

TAYLOR, Charles, «Understanding in Human Science». The Review of Metaphysics, 1, vol. 34,1980, pp. 25–38.

Carlos SANTOS AGUIRRE

[37] Cfr. Charles TAYLOR, «Justice after Virtue». En J. HORTON & S. MENDUS (eds.), *After Macintyre: Critical Perspectives on the Work of Alasdair Macintyre.* Notre Dame: University of Notre Dame Press, 1994, p. 36.

ARTIFICIAL INTELLIGENCE AND CRITICAL PHILOSOPHY: MARXIST, POSTCOLONIAL, AND ETHICAL PERSPECTIVES ON TECHNOLOGICAL POWER

Qihui ZHANG

Northwestern Polytechnical University
qihzhang@outlook.com
ORCID: 0009-0002-1800-2605

Jianzhong LIANG

Jusup Balasagyn Kyrgyz National University
jianz-liang@hotmail.com
ORCID: 0009-0000-3312-1931

Yingyu ZHANG

Northwestern Polytechnical University
zyingyu23@gmail.com
ORCID: 0009-0009-3809-8393

Cholponbay NUSUPOV

Jusup Balasagyn Kyrgyz National University
n.cholponbay@hotmail.com
ORCID: 0009-0008-6747-0206

Mariam EDILOVA

Jusup Balasagyn Kyrgyz National University
edilovamariam@outlook.com
ORCID: 0009-0002-9541-9156
Article rebut: 26/12/2024
Article acceptat: 17/09/2025
DOI: 10.60940/comprendrev28n1id980000016867

Abstract

This study examines the intersection of artificial intelligence (AI) and critical social theory, with a particular emphasis on ethical responsibility, structural inequality, and technological governance. Integrating insights from Marxism, postcolonialism, feminism, and ecological thought, the research provides a multidimensional analysis of how AI systems both reflect and reinforce existing socio-economic hierarchies. Drawing on contemporary critiques of algorithmic bias in legal and medical contexts, the study highlights how AI reproduces racial, gendered, and class-based asymmetries, echoing earlier critiques of ideological apparatuses in capitalist societies. The analysis further engages philosophical critiques by Martin Heidegger, Michel Foucault, and Paul Ricoeur, exploring how AI enacts new forms of «enframing», disciplinary control, and ethical displacement. In particular, it examines how algorithmic decision-making obscures human responsibility behind claims of objectivity, intensifying alienation and depersonalization. Case studies, including AI-based recidivism assessments in the U.S. justice system and diagnostic tools in healthcare, reveal how systemic biases become encoded into technological infrastructures. From a critical philosophical standpoint, AI is not a neutral tool but a product of specific historical and material conditions shaped by neoliberal rationality and market logics. The research argues for a re-politicization of AI ethics by embedding it within broader frameworks of power, historical injustice, and democratic accountability. While Marxist and feminist theories expose exploitation and invisibility in labor and reproduction, postcolonial analysis reveals geopolitical asymmetries in data extraction. The study concludes that addressing the challenges posed by AI requires not only technical regulation but also a philosophical reconsideration of responsibility, agency, and justice in the digital age.

Key words: artificial intelligence, algorithmic bias, critical theory, technological governance, digital capitalism, responsibility, postcolonial critique, feminist ethics, surveillance, power.

1. Introduction

The contemporary challenges of globalization, social inequality, technological transformation, and political shifts demand a re-examination of key philosophical paradigms, particularly those that address structures of power, moral responsibility, and systemic injustice. In this context, critical traditions such as Marxism, postcolonial theory, feminism, and ecological philosophy offer valuable frameworks for understanding the interplay between economic systems, cultural hierarchies, and emerging technological forms of control. Of growing importance is the question of how these philosophical approaches can be applied to the development and deployment of artificial intelligence (AI), which increasingly mediates access to justice, healthcare, labor, and political representation.

Marxism, as a political and philosophical theory, has long provided a foundation for critiquing capitalism, exploitation, and class domination. However, the rapid expansion of algorithmic technologies and autonomous decision-making systems compels a reconsideration of how Marxist theory can be rearticulated in the digital age without abandoning its materialist core. This study contends that such a rearticulation is not only necessary but also productive when conducted in dialogue with contemporary streams of thought, especially feminist ethics, postcolonial critique, and the philosophy of technology. These intersections open up critical questions regarding algorithmic bias, technological alienation, and the ethical distribution of responsibility in societies increasingly governed by non-human decision-making systems. In this regard, the philosophical contributions of Martin Heidegger, Michel Foucault, and Paul Ricoeur are particularly instructive: Heidegger's concept of Gestell sheds light on how AI reconfigures human existence into systems of optimization and control; Foucault's notion of disciplinary power helps trace the mechanisms through which algorithmic systems reproduce asymmetries of surveillance and normalization; while Ricoeur's reflections on narrative identity and ethical responsibility illuminate the moral ambiguities surrounding accountability in opaque, data-driven infrastructures.

Recent scholarship on the ethical, legal, and philosophical implications of artificial intelligence (AI) has increasingly focused on the issues of responsibility attribution, transparency, and bias, concerns that are central to any critical engagement with technology in the context of structural inequality. The growing use of AI in sensitive domains such as healthcare, criminal justice, and administrative decision-making has intensified debates over who bears responsibility when algorithmic decisions produce harmful or discriminatory outcomes. Coeckelbergh[1] argues for a relational approach to responsibility, emphasizing that traditional individualistic models fail to adequately address the distributed nature of agency in AI systems. He proposes that explainability should not merely be understood in technical terms, but as a moral and relational obligation to affected stakeholders. This perspective complements critical philosophical frameworks, such as Marxist and postcolonial thought, that interrogate how responsibility and agency are shaped by broader systems of power.

The medical domain provides a striking case for this analysis. Neri et al.[2] question who is ultimately accountable when AI systems are used in diagnostic processes, point-

[1] Mark Coeckelbergh, «Artificial Intelligence, Responsibility Attribution, and a Relational Justification of Explainability», *Science and Engineering Ethics*, 26/4, 2019, pp. 2051–2068.

[2] Emanuele Neri, Francesca Coppola, Vittorio Miele, Corrado Bibbolino & Roberto Grassi, «Artificial Intelligence: Who is responsible for the diagnosis?», *La Radiologia Medica*, 125/6, 2020, pp. 517–521.

ing to the difficulty of assigning responsibility between developers, institutions, and healthcare practitioners. Their findings echo broader concerns about the depersonalization of decision-making and the displacement of ethical judgment, which mirror Marxist critiques of alienation and loss of agency within capitalist systems. At the regulatory level, Floridi[3] examines the European Union's legislative framework for AI, arguing that its philosophical foundation reflects a human-centric and risk-based approach, rooted in moral philosophy rather than technical determinism. While the framework aims to ensure ethical alignment and human oversight, Floridi highlights its limitations in addressing structural injustices and the geopolitical asymmetries embedded in AI development and deployment, a point of convergence with postcolonial critiques of global inequality and technological imperialism.

Bias and opacity in AI systems remain persistent problems, as outlined by Daneshjou et al.[4] in their scoping review of AI applications in dermatology. They reveal how historical and demographic imbalances in training datasets result in systems that perform inequitably across different racial and ethnic groups. These findings support the argument that algorithmic bias is not merely a technical flaw, but rather a reflection of structural and historical forms of discrimination, reinforcing systems of inequality that Marxism and feminism seek to expose and challenge. The use of AI in the criminal justice system raises equally pressing concerns. McKay[5] investigates the deployment of risk assessment algorithms in judicial decision-making, noting that such tools often lack transparency and are vulnerable to reinforcing racialized assumptions. The judicial reliance on these systems, he argues, risks reducing complex moral and social judgments to actuarial calculations, a trend that resonates with critical theories' concern over technocratic governance and the erosion of democratic accountability.

Contemporary research focuses on the exploration and adaptation of Marxist approaches, particularly in gender studies, feminism, the environmental crisis, and the globalization of the world. Federici[6] examined Marxism through the lens of feminist criticism, emphasizing how traditional Marxism ignores women's unpaid labor and gender inequality. In the context of research on the integration of Marxist theory with other philosophical approaches, the researcher added an important gender perspective that expanded the Marxist understanding of social inequality, including gender as-

[3] Luciano FLORIDI, «The European Legislation on AI: A Brief Analysis of its Philosophical Approach», *Philosophy & Technology*, 34/2, 2021, pp. 215–222.

[4] Roxana DANESHJOU, Mary P. SMITH, Mary D. SUN, Veronica ROTEMBERG & James ZOU, «Lack of Transparency and Potential Bias in Artificial Intelligence Data Sets and Algorithms: A Scoping Review», *JAMA Dermatology*, 157/11, 2021, pp. 1362–1369.

[5] Carolyn MCKAY, «Predicting Risk in Criminal Procedure: Actuarial Tools, Algorithms, AI and Judicial Decision-Making», *Current Issues in Criminal Justice*, 32/1, 2019, pp. 22–39.

[6] Silvia FEDERICI, *Patriarchy of the Wage: Notes on Marx, Gender, and Feminism*. Oakland: PM Press, 2021.

pects. Gupto[7] focused on contemporary literary criticism and theory with an emphasis on postcolonialism and postmodernist theory and explored the interaction of Marxist thought with postcolonial criticism. Researchers also draw attention to the gaps in the Marxist approach to the environmental crisis. Environmental Marxism, in particular, analyzes the impact of capitalism on the natural environment, pointing to its destructive nature with global consequences for humanity.[8] For the last five years there are not many studies that would directly address the topic of the importance of modern theoretical and practical integration of Marxist ideas. Nguyen[9] and Musto[10] revealed the modern interpretation of Marxist philosophy, especially its aspects concerning life and its economic and social basis. In their research, they analyzed how Marxist philosophy can be adapted to modern conditions, particularly in the context of postmodern and postcolonial challenges. Ndlovu-Gatsheni and Ndlovu[11] more thoroughly described the theoretical rethinking of Marxism, which takes place in the context of decolonial processes, which consider modernity not only as a European phenomenon, but also as a product of colonial expansion. The researcher emphasized the importance of taking racial identity and colonial heritage into account in the structure of modern capitalism, which will allow expanding the framework of Marxist analysis. An important aspect of the modern development of Marxist theory research is the desire to integrate other approaches to the study of social processes.[12] Issues of cultural identity, ideological hegemony, and symbolic power, which have become central to postcolonial and decolonial studies, cannot be left out of contemporary Marxist analysis. At the same time, it is important to preserve the materialist approach to the analysis of social inequality, which is the basis of Marxist criticism.

The purpose of this study is to explore the theoretical and practical potential of integrating Marxist philosophy with contemporary critical frameworks, such as postcolonialism, feminism, postmodernism, ecological thought, and the ethics of artificial intelligence, in order to develop a more comprehensive understanding of present-day social, economic, cultural, and technological transformations. Particular attention is given to how such integration can illuminate the role of algorithmic technologies and

[7] Arun Gupto, *Literary Theory and Criticism: Recent Writings from South Asia.* London: Routledge India, 2021.

[8] Michael J. Albert, «Capitalism and Earth System Governance: An Ecological Marxist Approach». *Global Environmental Politics* [Cambridge], 20/2, 2020, pp. 37-56.

[9] Phuoc Tai Nguyen, «Contemporary Interpretation of Marx's Philosophy of Life: New Era "Good Life" Inspiration». *Pakistan Journal of Life and Social Sciences*, 22/1, 2024, pp. 1178-1186.

[10] Marcello Musto, *The Marx Revival: Key Concepts and New Critical Interpretations.* Cambridge: Cambridge University Press, 2020.

[11] Sabelo J. Ndlovu-Gatsheni & Morgan Ndlovu, *Marxism and Decolonization in the 21st Century: Living Theories and True Ideas.* London: Routledge, 2021.

[12] José Vicente da. C. M. C. de Castro, *A Neo-Marxist Social Class Approach to Mental Health.* Lisbon: University of Lisbon, 2022.

artificial intelligence in reproducing structural inequalities and reshaping power relations in contemporary societies.

2. Materials and methods

The study was carried out during August-September 2024. The study focused on several aspects: an analysis of the historical development of Marxist theory, a critical review of its contemporary versions, and integration with other philosophical approaches such as postcolonialism, decolonialism, feminism, and environmental theories.

According to these aspects Marxist texts were analyzed to ensure an understanding of the basic tenets of this theory. After that, modern interpretations of Marxism, which offered neo-Marxist and post-Marxist approaches, were investigated. This included the work of representatives of the Frankfurt School, Adorno and Habermas, who revised traditional Marxist approaches taking into account new social conditions. Works related to postcolonial and decolonial criticism of Marxism were analyzed separately. For this, materials were used that considered the role of Marxist theory in the analysis of global processes and power relations related to the colonial legacy and modern forms of exploitation. Works on the feminist critique of Marxism, which emphasized the gender aspects of economic and social inequality, also played an important role in the research.

Consideration of these aspects was carried out by conducting a thorough textual analysis of modern scientific studies of Marxist theory and a review of Marx's key political and philosophical works. The methodology of systematic review according to PRISMA recommendations was used to conduct the research. To achieve the goal of the research and the set tasks, a thorough literature search was conducted in the Google Scholar, PubMed, Scopus and ScienceDirect databases. Keywords «marxism and social theory», «philosophy of social reproduction», «historical materialism in contemporary philosophy», «dialectical materialism», «philosophy of liberation», «Neo-Marxism», «critique of historical determinism», «Frankfurt school», «labor theory of value», «ecological Marxism» were used to search for relevant studies. The search covered scientific articles published in English between 2020 and 2024. The main research materials included the classic texts of Karl Marx and Friedrich Engels, the works of representatives of the Frankfurt School, neo-Marxist and post-Marxist studies, as well as modern works on postcolonial and decolonial theory. In addition, the works of researchers who focused on the connection of Marxism with contemporary social movements and environmental criticism were used.

Criteria for the inclusion of sources in the literature review were established: the sources had to be thematically related to modern interpretations of Marxist philosophy, its theoretical integration with other directions, and practical application. Preference was given to scientifically significant, peer-reviewed works and classic studies that significantly influenced the development of Marxist thought. As a result of the selection, 55 sources were selected that met these criteria. The included sources were critically evaluated to determine their reliability and relevance.

Given the interdisciplinary nature of the research, its implementation was based on an interdisciplinary approach, which allowed taking into account various aspects of modern social processes. This contributed to a better understanding of the role of Marxist theory in the analysis of these processes, as well as to the identification of opportunities for its further development and application in modern conditions.

3. Results

3.1. Update of Marxist philosophy in the context of modern social changes

The debate between the philosophy of technology, which investigates the ontological essence of technology, and the philosophy about technology, which interrogates the social, ethical, and political implications of technological application, constitutes a pivotal axis for understanding the transformation of critical social theory in the face of contemporary technological developments. This distinction, running through the works of Heidegger, Ortega y Gasset, Ricoeur, and later Foucault, provides not only a conceptual framework but also a methodological orientation for the philosophical analysis of digital capitalism and algorithmic governance.

In the ontological tradition of the philosophy of technology, Martin Heidegger, in *The Question Concerning Technology*, famously conceptualized technology not as a mere instrument but as a mode of revealing (Entbergen) that, under the modern condition of Gestell (enframing), reduces beings to resources within a calculative logic of control and optimization. José Ortega y Gasset, in parallel, warned that modern technology reshapes the cultural horizon of human existence, subordinating vital human needs to the imperatives of mechanization and efficiency. These reflections resonate with the phenomenological concern articulated by Edmund Husserl regarding the alienation of scientific rationality from the lifeworld (Lebenswelt), urging a reintegration of technical knowledge with lived historical experience.

From the standpoint of the philosophy about technology, Paul Ricoeur's notion of narrative identity and ethical responsibility underscores the necessity of interpretative mediation in moral judgment, something that algorithmic systems, devoid of narrativity, fundamentally lack. Likewise, Michel Foucault's analysis of disciplinary power prefigures the logic of algorithmic surveillance, wherein individuals are subjected to new modalities of control embedded in digital infrastructures. These perspectives illuminate the socio-political consequences of technological rationality, especially as it relates to the reproduction of structural inequality and the erosion of autonomous ethical agency.

Integrating these philosophical trajectories allows for a more nuanced articulation of how Marxist theory, particularly in its classical form, must evolve in order to engage with the ontological, epistemological, and political challenges posed by contemporary technological regimes. If Heidegger's warning against the reduction of being to utility finds an echo in Marxist critiques of commodification, then Ricoeur's emphasis on ethical attestation and Foucault's diagnosis of power-knowledge regimes provide complementary tools for diagnosing the operations of digital capitalism. Such an approach not only situates technology within the broader historical processes of alienation, discipline, and ideological reproduction but also opens the way for an expanded critical theory that integrates postmodern and postcolonial perspectives. In this framework, capitalism is no longer seen merely as a national class-based formation but as a transnational structure deeply shaped by colonial legacies and geopolitical asymmetries.

To concretize this theoretical synthesis, the cases of China and Kyrgyzstan serve as illustrative examples of how Marxist paradigms have been appropriated and transformed in diverse historical-political contexts. These examples underscore both the enduring critical potential of Marxist analysis and the limitations of its dogmatic application in accounting for the racialized, globalized dimensions of economic subjugation. The incorporation of postcolonial critique into Marxist frameworks thus not only enriches our understanding of technological modernity but also enables a renewed philosophical engagement with the structures of power that govern the digital age.

Contemporary deployments of artificial intelligence necessitate a conceptual distinction between discriminative and generative models, as each presents distinct epistemological and ethical challenges. Discriminative systems, used in classification tasks such as risk assessments or diagnostic triage, tend to reinforce existing statistical patterns, often without transparency regarding causal mechanisms. Generative models, on the other hand, produce new outputs based on probabilistic approximations, raising complex questions about authorship, authenticity, and the ontological status of machine-generated content. These differences are crucial for understanding how various forms of bias operate: data bias emerges from historical asymmetries encoded in training sets, algorithmic bias results from design choices or optimization goals, while cultural bias reflects broader hegemonic norms embedded within technological imaginaries. Attending to these distinctions is necessary for any critical theory of AI that seeks to interrogate not only technical systems, but also the epistemic frameworks they presuppose.

In this context, the term ethics must not be conflated with philosophy in general, as it occupies a specific normative and relational domain within the broader spectrum of philosophical inquiry. Ethical reflection, particularly in the age of algorithmic governance, concerns the distribution of responsibility, the recognition of agency, and the institutional conditions for moral accountability. This ethical dimension, however, is inextricable from philosophical traditions such as hermeneutics, which foreground the interpretative nature of understanding, and historical materialism, which locates moral relations within socio-economic structures. Ethics, in this sense, functions as both a normative compass and a site of critical interrogation. At the same time, discussions of opacity and responsibility must be situated within current regulatory frameworks. The European Union's Artificial Intelligence Act[13], which prohibits the use of opaque AI systems in high-risk domains and mandates explainability in automated decision-making, offers a juridical structure for the very concerns raised in this study. Particularly in fields such as healthcare and criminal justice, where algorithmic interventions have direct consequences for human dignity and rights, the EU's emphasis on transparency, oversight, and risk classification aligns closely with the philosophical imperatives of democratic accountability and structural critique.

One of the key results of the conducted research was the identification of significant potential for the integration of Marxism with postmodern and postcolonial theories. In particular, the analysis showed that contemporary scholars, such as Das[14] (2022), have increasingly turned to Marxist concepts to explain global inequality, but use them in conjunction with postmodernist concepts such as identity culture and the deconstruction of power. This confirmed that classical Marxism could be adapted to analyze new forms of domination such as cultural imperialism and hegemony.

Integrating Marxism with postcolonial theories allows for a deeper understanding of how the economic exploitation of colonized countries in the past created contemporary global hierarchies. An analysis of works focused on postcolonial approaches revealed the importance of taking into account racial and cultural factors in the Marxist analysis of capitalism, which is especially relevant for the analysis of contemporary global relations. The main finding was that Marxism, supplemented by postcolonial criticism, can explain global processes not only through class relations, but also through the dynamics of colonial and postcolonial structures. This highlights the need for an extension of Marxist theory that can account for various forms of alienation and exploitation.

Marxism, in its traditional form, focused on the analysis of capitalist relations within national economies, highlighting the class struggle between the working class and capital. However, this approach did not take into account the complexities of colonial exploitation, which had a global character and deeply influenced the development of many countries. China and Kyrgyzstan are clear examples of how dogmatic Marxism was adapted and applied in contexts where colonial and post-colonial realities determined political and economic development.

[13] The EU Artificial Intelligence Act. https://artificialintelligenceact.eu/

[14] Raju J. Das, «Social Oppression, Class Relation, and Capitalist Accumulation». In D. Fasenfest (ed.), *Marx Matters*. Leiden: Brill, 2022, pp. 85-110.

In China, Marxist ideology[15] became the basis of political transformation after the rise to power of the Communist Party led by Mao Zedong in 1949. At a time when China was heavily influenced by Western imperialism, Marxist ideas about class struggle and anti-colonialism gained special importance. In the 19th century, China was the object of colonial exploitation by Western powers, particularly during the Opium Wars, which led to the signing of unequal treaties that significantly weakened its political sovereignty. These events not only had direct economic consequences, but also formed the political context in which Marxism in China took on an anti-imperialist meaning.

Later, after the Chinese Communist Party (CCP) came to power, Marxist theory in China took on a dogmatic form, where the key postulates of Marx and Lenin were applied rigidly and without consideration of local conditions. This led to the fact that Marxism in China began to play the role of not only an internal ideology, but also a global strategy for the struggle against Western imperialism and capitalism. However, over time, when China developed to the status of one of the world's leading economies, this dogmatic approach was transformed into a justification for new global ambitions. Initiatives such as the Belt and Road Initiative (BRI) show how China is using its economic clout to build new global avenues of economic interaction. At the same time, this influence is often associated with neo-colonial practices, where China, like the West once, imposes economic dependence on countries, especially from the Global South, through infrastructure investments and loans.

A similar trajectory of dogmatic Marxism can be traced in Kyrgyzstan, where it was introduced within the Soviet system. The Soviet Union, relying on the Marxist-Leninist ideology, centralized the management of the economies of its republics, particularly Kyrgyzstan. This led to deep economic dependence of Kyrgyzstan on the resources and infrastructure of the Soviet Union. Although the USSR officially declared the equality of all peoples and republics, in practice economic relations often reflected colonial models. Kyrgyzstan, like other Central Asian republics, became a supplier of raw materials for Soviet industry, which emphasized its peripheral status within the Soviet economic system.

After the collapse of the USSR in 1991, Kyrgyzstan found itself in conditions of global economic inequality, where its dependence on external loans and economic aid, especially from international financial institutions, further cemented its marginal status in the world economy. Today, economic cooperation with China, such as the BRI, raises questions about new forms of neo-colonial relations. Although China offers economic opportunities such as infrastructure projects and investments, Kyrgyzstan, like

[15] Karl Marx & Friedrich Engels, *Das Kapital: Critique of Political Economy*. Hamburg: Walter de Gruyter, 1867; Karl Marx & Friedrich Engels, *The German Ideology, op. cit.*

many other countries, faces the risk of falling into a trap of economic dependence due to excessive debt obligations.[16]

Thus, in both China and Kyrgyzstan, dogmatic Marxism, once used to combat colonialism and capitalism, is now often used to justify new forms of economic expansion and subjugation. While Marxism continues to offer a powerful critique of global capitalism, its dogmatic application often fails to take into account the complexities of post-colonial realities and can lead to the reproduction of the very forms of inequality it is designed to address.

Table 1 analyzes the impact of globalization on Marxist theory in different regions, showing how historical and contemporary socio-economic issues are linked to the colonial past and contemporary forms of neo-colonialism. Important aspects are the historical influence on the regions (colonial exploitation, Soviet influence), the contemporary problems they face (economic dependence, cultural and political problems), as well as the Marxist critique of these phenomena.

Table 1. A comparative analysis of the impact of colonialism and globalization on China and Kyrgyzstan: A Marxist critique of modern neo-colonial relations

Region	Historical influence	Contemporary issues	Marxist critique
China	Colonial exploitation, Western imperialism	Economic dominance, Belt and Road Initiative	Criticism of neocolonial practices in the Global South
Kyrgyzstan	Soviet-era exploitation	Economic dependence on loans, post colonial discourse	Neo-colonialism through global capitalism

Sources: compiled by the authors based on Chen and Wang,[17] and Boron.[18]

Marxist analysis helps social justice movements in both countries not only to identify these structures, but also to formulate alternative strategies for combating economic dominance.[19] In China, critiques of neocolonial practices often focus on domestic social movements opposing government economic policies that exacerbate class inequalities within the country.

The integration of Marxism with post-colonial theories is an important direction in modern studies of social inequality and global economic processes. This combination makes it possible to overcome the limitations of classical Marxist theory, which was

[16] Safiye Ergun, *China's Attempt to Become the Regional Hegemon in Central Asia: An Alternative Neo-Gramscian Analysis to the New Great Game.* Ankara: Middle East Technical University, 2022.

[17] Lei Chen &, Chengbing Wang, «One Hundred Years of Chinese Dialectical Logic: An Academic History of Logic Relating to Contemporary Chinese Marxism», *op.cit*

[18] Usmon Boron, «"And I Believe in Signs": Soviet Secularity and Islamic Tradition in Kyrgyzstan», *op, cit.*

[19] Brandley Campbell, «Social Justice and Sociological Theory». *Society,* 58/5, 2021, pp. 355-364.

developed in the conditions of industrial Europe of the 19th century and focused mostly on class relations within nation-states. Postcolonial approaches add important aspects to Marxist analysis that deal with racial, cultural, and geopolitical factors arising from centuries of colonial exploitation and its consequences.

However, this approach did not take into account the specifics of colonial exploitation, which had a global character. For centuries, European colonial powers exploited the natural resources, labor, and lands of colonized countries, creating global economic hierarchies that continue to exist today. Colonialism had not only economic, but also profound cultural consequences, which Marxism did not take into account in its original form. A postcolonial approach allows for a deeper understanding of how the economic exploitation of colonized countries in the past created modern global hierarchies. European empires not only used the resources of the colonies to enrich the metropolises, but also formed a global system of division of labor that continues to function today.[20] The countries of the Global South often remain economically dependent on the export of raw materials to developed capitalist states, which is a consequence of the colonial legacy. This process perpetuates inequality in the global economy, where developed countries benefit at the expense of developing countries.

An important element of the postcolonial critique of Marxism is the understanding that modern economic exploitation is not limited to class relations between labor and capital. It includes hierarchies between nations that arose out of the colonial system. For example, countries such as India, Brazil or African countries often face economic constraints resulting from a colonial past that has left them dependent on global markets and monopoly capital[21] Ndlovu-Gatsheni and Ndlovu[22] argue that Marxism must be supplemented by these geopolitical and racial dimensions to better explain global inequality.

The integration of postcolonial criticism into Marxism allows for a broadening of the analysis of the capitalist system, taking into account the racial and cultural aspects of exploitation. Orientalism as a system of stereotypes and views of the East as backward and inferior to justify colonial rule is still an integral part of the global economic system, where the West dominates not only economically, but also culturally. Incorporating racial and cultural dimensions into a Marxist analysis of capitalism is particularly important for understanding contemporary global relations. Modern forms of

[20] Gregory N Bourassa & Graham B Slater, «The Biopolitical Turn in Educational Theory: Autonomist Marxism and Revolutionary Subjectivity in *Empire*». *Educational Philosophy and Theory* [Abingdon], 54/7, 2022, pp. 964-973.

[21] Kalim Siddiqui, «Capitalism, Imperialism, and Crisis». *European Financial Review* [London], 2023, pp. 16-32.

[22] Sabelo J. Ndlovu-Gatsheni, & Morgan Ndlovu, *Marxism and Decolonization in the 21st Century: Living Theories and True Ideas.* London: Routledge, 2021.

globalization often use cultural dominance as a tool to maintain economic inequality.[23] The media, education and popular culture create images of the countries of the Global South as backward, which justifies the exploitation of their resources and labor.[24] Postcolonial theories integrated into Marxist analysis help debunk these stereotypes and reveal the mechanisms through which capitalism uses culture to maintain global hierarchies.

3.2. Practical application of Marxist theory for the analysis of modern social movements

Today, Marxist ideas are actively used within feminist, environmental, anti-racist, and social justice movements to critique the capitalist system that continues to shape the world economic and social order (Table 2). One of the key areas where Marxist theory received a new push for development is feminist movements. Traditional Marxist theory has largely focused on the class struggle and economic aspects of inequality, leaving aside the gender component. However, in the 20th century, feminist Marxists began to reinterpret Marxism through the lens of gender relations, adding to it an analysis of women's unpaid labor, the social role of women's labor under capitalism, and gender exploitation.

Table 2. Integrating Marxism with postcolonialism, feminism and environmental theories

Theory	**Main features**	**Points of integration with marxism**
Postcolonialism	Focus on cultural identity and colonial legacies	Explains how past economic exploitation affects modern capitalism
Feminism	Gender inequality and social reproduction	Marxist theory expanded to include unpaid labor and gender roles
Environmentalism	Ecological sustainability	Connection between capitalism and environmental degradation

Sources: compiled by the authors based on Spivak,[25] Federici,[26] and Yurchenko.[27]

[23] Ho-fung Hung, «Recent Trends in Global Economic Inequality». *Annual Review of Sociology* [San Mateo], 47/1, 2021, pp. 349-367.

[24] Alex Guilherme & Bruno Antonio Picoli, «Neoliberalism and Education in the Global South: A New form of Imperialism». In Immanuel Ness & Zak Cope (eds.), *The Palgrave Encyclopedia of Imperialism and Anti-Imperialism*. Cham: Palgrave Macmillan, 2021, pp. 1966-1978.

[25] Gayatri Chakravorty Spivak, «Can the Subaltern Speak?», *op. cit.*

[26] Silvia Federici, *Patriarchy of the Wage: Notes on Marx, Gender, and Feminism, op. cit.*

[27] Yuliya Yurchenko, «Humans, Nature and Dialectical Materialism», *op. cit.*

Capitalism systematically depends on the invisible labor of women in the household and raising children. This labor receives no economic reward, but is necessary for the reproduction of the labor power exploited by capital. Such a point of view allows for a deeper understanding of the mechanisms of gender exploitation in capitalist societies, which is emphasized by modern feminist movements. Women's rights movements often use Marxist concepts of exploitation to explain why women, despite fighting for equal rights, continue to face economic and social inequality.

Feminist Marxism also emphasizes that capitalism reproduces gender stereotypes and inequalities through the labor market. Women often find themselves at the bottom of the labor hierarchy, with limited access to resources, senior positions, and economic independence.[28] Feminist movements, especially those fighting for equal pay, maternity leave and social protection, often use these concepts to argue for their demands. Marxist analysis helps to show that gender inequality is not just a social phenomenon, but deeply rooted in the economic structure of capitalist society.

An important element of the critique of capitalism is that it uses gender inequality as a mechanism to maintain a hierarchy where women perform important but invisible work that is not economically recognized. Feminist movements such as the fight for equal pay, paid maternity leave and social protection actively use these Marxist concepts in their demands. For example, figures such as Federici[29] emphasize the importance of understanding how women's invisible labor sustains the capitalist economy and call for its economic recognition.

Mouffe,[30] one of the leading feminist theorists, developed her ideas around "agonistic democracy", in which she criticizes liberal models of democracy for not taking into account the real struggles between different interest groups in society. For Mouffe, it is important to recognize conflict as a necessary part of the political process, not as something negative. Her work has become influential in feminist movements that seek not only to gain legal recognition of women's rights, but also to change the very political structures that perpetuate inequality. Her theories are used to build new forms of women's political participation, in particular through the activation of social movements and protest campaigns that seek to go beyond the traditional political system and create new democratic forms where gender equality plays a central role.

Hooks[31] emphasizes the need for an intersectional approach in feminism. She argues that the feminist movement cannot be successful without addressing not only gender,

[28] Suparna Chatterjee, «A Suitable Woman: The Coming-Of-Age of the 'Third World Woman' at the Bottom of the Pyramid: A Critical Engagement». *Human Relations* [Thousand Oaks], 73/3, 2020, pp. 378-400.

[29] Silvia Federici, *Patriarchy of the Wage: Notes on Marx, Gender, and Feminism, op. cit.*

[30] Chantal Mouffe, *The Democratic Paradox.* London, New York: Verso, 2000.

[31] Bell Hooks, *Feminist Theory: From Margin to Center.* Boston: South End Press, 2020.

but also other social categories such as race, class, and sexual orientation. This approach makes it possible to analyze how different forms of oppression intertwine and affect the lives of women, which is an important element of the modern feminist critique of capitalism. Hooks argues that the struggle for women's rights must be part of a broader struggle for social justice that encompasses all forms of social domination and exploitation.

Environmental movements have also found in Marxist theory a powerful tool for criticizing capitalism. Ecological Marxism, which actively developed in the late 20th and early 21st centuries, emphasizes the fact that capitalism is not only a system of exploitation of the working class, but also of natural resources. Capitalism, according to Marx, is aimed at the constant accumulation of capital, which involves the continuous use of resources and the destruction of natural ecosystems for the sake of profit. This approach became the basis for environmental criticism of capitalism within the framework of modern environmental movements.

Example of this is the criticism of so-called "green capitalism", which is based on Marxist principles. Green capitalism involves attempts by large corporations to adapt their business models to environmental requirements without radical changes at their core. Marxists argue that such attempts are superficial and do not solve the deep problems of the ecological crisis, because the real reason lies in the very essence of the capitalist system – the pursuit of profit at any cost. Modern environmental movements such as "Fridays for Future" or "Extinction Rebellion" actively use this approach, criticizing corporations and states for insufficient action in the fight against climate change (Friberg, 2022).

Important figures who have influenced ecological Marxism include theorists such as Foster[32] and Gorz.[33] Foster, an American sociologist and environmental Marxist, developed the concept of the "metabolic gap", which explains how capitalism disrupts the natural cycles of metabolism between humans and nature, destroying ecosystems in order to increase production. His work emphasizes the importance of reviewing ecological relations in the context of class struggle and systemic inequality. Foster argues that a real solution to the environmental crisis is possible only through a radical transformation of the capitalist economy.

Gorz[34] proposed a more complex approach to the problem of the ecological crisis. He emphasized the need to transition from capitalism to a socio-ecological economy that focuses on the well-being of all people and the preservation of the planet. He also criticized the idea of «economic growth for the sake of growth» as the main cause of

32 John Bellamy Foster, *The Return of Nature: Socialism and Ecology*. New York: Monthly Review Press, 2020.

33 André Gorz, «Ecologie et Socialisme». *Écologie & Politique* [Paris], 24/1, 2022, pp. 71-95.

34 *Ibid.*

environmental degradation. According to Gorz, in order to ensure the sustainable development of mankind, it is necessary to change the very nature of the economic system, abandoning the pursuit of constant growth.

Ecological Marxism also offers a vision of an alternative economic model that would take into account the needs of both society and nature. This model involves not only the redistribution of resources and the rejection of capitalist exploitation, but also the consideration of the ecological limitations of the planet, the preservation of biodiversity and the sustainable management of natural resources. Such ideas find support among modern environmental activists, who believe that the economic system must be revised to avoid environmental catastrophe.

Social movements for racial equality also use Marxist theory to explain the economic and social inequality faced by racial minorities. In its classical form, Marxism analyzed mainly class relations, but modern Marxists have integrated the issue of racial exploitation and domination into their theory. They argue that racial inequality is an important component of the capitalist system, which is used to divide the working class and increase exploitation through the creation of hierarchies based on race. The marginalization and exploitation of people who have historically experienced colonial oppression continues in modern capitalist societies. Marxist approach to the analysis of capitalism must take into account not only class, but also racial and cultural aspects. Such a vision allows for a deeper understanding of the mechanisms through which capitalism maintains and reproduces racial inequality.

Fanon,[35] a theorist of colonialism, emphasized in his works the connection between racial inequality and economic exploitation within the framework of the capitalist system. In his book *Les damnés de la terre* F. Fanon analyzes how colonial practices created systems of oppression and exploitation of indigenous peoples through racial hierarchies. For F. Fanon, racism was not only a social phenomenon but also a tool of capitalist exploitation used to justify violence and oppression in colonial contexts. His work became the basis for movements for racial equality and anti-colonial movements around the world, particularly in Africa and Latin America, where Marxist ideas were integrated with anti-racist struggles. Movements for racial equality use Marxist criticism to show how economic and social systems reproduce structures of racial dominance. They argue that economic exploitation and police violence against African Americans, for example, cannot be seen only as a social problem, but are also the result of a capitalist system that systematically oppresses minorities to maintain inequality and increase control over the workforce.[36]

[35] Frantz Fanon, *Les Damnés de la Terre.* Kiyikaat Éditions, 2016.

[36] Barbara H. Chasin, *Inequality and Violence in the United States: Casualties of Capitalism.* Lanham: Lexington Books, 2022.

Marxist concepts of exploitation and alienation have also become the basis for the critique of neoliberal policies espoused by many contemporary social movements (Phelan, 2022). Neoliberalism, which has dominated global economic policy since the end of the 20th century, advocates reduced government involvement in the economy, privatization, deregulation, and open markets. However, Marxists believe that such policies increase social inequality, contribute to the concentration of wealth in the hands of a small group of people, and alienate the working class from control over the means of production.

The growing integration of artificial intelligence into decision-making processes in healthcare, justice, employment, and governance raises urgent philosophical questions about responsibility, agency, and the interpretative nature of ethical judgment. When algorithmic systems produce biased outcomes, such as disproportionate risk scores for racial minorities or misdiagnoses in medical imaging, the attribution of moral responsibility becomes deeply problematic. Traditional frameworks, which assume clear individual agency, falter in the face of distributed and opaque computational systems. To address this, a deeper philosophical reflection is needed, one that moves beyond causal responsibility and toward the structure of ethical selfhood and understanding.

Paul Ricoeur's conception of narrative identity and ethical responsibility offers a valuable framework for this reflection. For Ricoeur, responsibility is not merely a matter of accountability in a juridical sense but is rooted in the ethical relation to the other, mediated through interpretation and narrative. Algorithmic systems, however, lack narrativity; they cannot recount reasons or justifications in human terms. This absence of self-narration challenges the possibility of ethical engagement. Ricoeur's notion of «attestation» further emphasizes that ethical responsibility is tied to the capacity of a subject to testify to their intentions and be recognized by others as morally accountable. In algorithmic decision-making, such attestation is absent, displacing responsibility from machines to a diffuse network of designers, users, institutions, and regulatory systems.

Similarly, Hans-Georg Gadamer's philosophical hermeneutics can be applied to critique the presumption of objectivity in algorithmic systems. Gadamer emphasized that all understanding is historically and linguistically situated, shaped by prejudice (Vorurteil) in the literal sense of pre-judgment. While modern AI systems are often presented as neutral or data-driven, they too operate through coded pre-judgments embedded in training datasets and design choices. These systems, rather than transcending human bias, often reproduce historical and social prejudices under the guise of neutrality. From a Gadamerian perspective, the promise of transparency in AI is fundamentally flawed if it neglects the interpretative dimension of knowledge and the ethical responsibility inherent in understanding the other.

Both Ricoeur and Gadamer insist on the centrality of dialogue, recognition, and contextual meaning-making in ethical life. Their thought suggests that moral responsibility in the age of AI cannot be understood solely in terms of algorithmic outputs or procedural fairness. Instead, responsibility must be re-situated in the broader hermeneutic horizon that includes historical injustice, socio-cultural narratives, and the lived experiences of those affected by technological decisions.

Incorporating these hermeneutic and phenomenological insights into the critique of algorithmic governance enables a more profound ethical analysis —one that challenges the depersonalization of moral agency and calls for systems of accountability grounded in recognition, narrative coherence, and interpretative openness. This approach is essential not only for the ethical design of AI but also for resisting its use as a tool of systemic domination, aligning the discussion with broader traditions of critical social philosophy.

3.3. Artificial intelligence as an instrument of capitalist discipline

The rapid integration of artificial intelligence (AI) into the core mechanisms of contemporary capitalism is not merely a technological development but a transformation of social control, labor relations, and epistemic authority. In this context, AI must be understood not only as a set of computational tools but also as a disciplinary apparatus that reinforces the logic of late capitalism. Rooted in predictive analytics, optimization algorithms, and data-driven management, AI systems serve to automate decision-making, minimize uncertainty, and increase the efficiency of control over human behavior. These functions reflect what Michel Foucault termed «disciplinary power», now operationalized through digital infrastructures.

In platform economies such as those structured around ride-hailing services, warehouse logistics, or content moderation, AI is used to monitor workers, allocate tasks, evaluate performance, and enforce productivity metrics without direct human oversight. This automation of oversight embodies a shift from hierarchical command to algorithmic governance, where control is exercised through data flows, real-time surveillance, and the algorithmic shaping of choices. Such a transformation redefines the classical Marxist understanding of labor exploitation, replacing the visible capitalist-employer figure with opaque and seemingly impersonal systems of algorithmic decision-making. Yet, the structural logic remains unchanged: labor is commodified, monitored, and extracted for surplus value under conditions that maximize asymmetry between labor and capital.

This process exemplifies what Shoshana Zuboff has termed «surveillance capitalism», wherein data extracted from individuals is repurposed not simply for profit but for behavioral prediction and modification. In this model, workers and consumers alike are subjected to a form of algorithmic discipline that fragments autonomy and depersonalizes agency. From a Marxist perspective, this represents a novel form of alienation: not only is the worker estranged from the product and process of labor, but also from their own decision-making and social agency, which are increasingly subsumed under algorithmic logic.

AI also plays a central role in the ideological reproduction of capitalist norms. Algorithmic curation in social media, targeted advertising, and automated content recommendation systems function as new ideological state apparatuses that perpetuate neoliberal values such as individualism, competition, and consumerism. Drawing from Althusser's analysis of ideology, it becomes clear that algorithmic systems do not merely serve economic functions but also structure consciousness, normalize inequality, and obscure systemic injustice under the veneer of personalization and neutrality.

Moreover, the asymmetry of power embedded in AI reflects and exacerbates global economic inequalities. The extraction of data from populations in the Global South to train systems developed and monetized in the Global North replicates the colonial dynamics of resource exploitation and epistemic domination. This «data colonialism» renders entire populations into sources of digital labor and behavioral raw material, often without consent, regulation, or reciprocal benefit. From a postcolonial Marxist standpoint, such practices represent the continuation of imperial accumulation by other means.

In this light, AI must be critically examined not only as a technical innovation but as a socio-political instrument of capitalist discipline. It shapes subjectivity, reconfigures labor, and enforces systems of control that reproduce existing hierarchies. For critical theory, especially in its Marxist, postcolonial, and feminist forms, the challenge lies in articulating a counter-logic, one that reasserts human dignity, collective agency, and democratic oversight in the face of algorithmic abstraction. Resistance to algorithmic power must thus be framed not only in terms of fairness or accountability, but in terms of justice, decolonization, and the right to shape the technological infrastructures of the future.

4. Discussion

The obtained results of the research concerning the integration of Marxism with modern philosophical currents demonstrate a significant potential for the further development of Marxist theory and its practical application in the modern world. In particular, the results confirm that the Marxist critique of capitalism remains relevant in the context of globalization, social inequality, and environmental challenges, but requires revision and adaptation for a deeper analysis of contemporary social phenomena.

The integration of Marxism with postmodern and postcolonial approaches is an important step in expanding the analytical capabilities of Marxist theory. This conclusion is consistent with the work of postcolonial thinkers such as Spivak[37] and Cole, [38]

[37] Gayatri Chakravorty Spivak, «Can the Subaltern Speak?», *op. cit.*

[38] Mike Cole, «A Marxist Critique of Sean Walton's Defence of the Critical Race Theory Concept of 'White supremacy'as Explaining all Forms of Racism, and Some Comments on Critical Race Theory, Black Radical and Socialist Futures». *Power and Education* [Thousand Oaks], 12/1, 2020, pp. 95-109.

who criticize Marxism for its lack of attention to issues of culture, identity, and race relations. As these authors point out, classical Marxism, focused on economic relations and class struggle, needs to be supplemented to analyze cultural and postcolonial realities. The results of this study confirm that a postcolonial approach can complement Marxism, especially in the context of the analysis of global hierarchies arising from the historical exploitation of colonies. These results are also consistent with the position of Bhabha,[39] who emphasized the importance of the dynamics of hybridity and multiculturalism in the context of postcolonialism. The study agrees that the integration of Marxism with postcolonial theories allows for a better understanding of how capitalism functions within postcolonial structures where class relations are closely intertwined with cultural and racial identities. This synthesis enables Marxist theory to more effectively explain global processes of exploitation and inequality.

However, criticism from poststructuralists has revealed important limitations of Marxism. Foucault,[40] in particular, has argued that Marxism focuses too much on economics and underestimates the importance of micro-power relations that operate through social and cultural institutions. Poststructuralism adds a multidimensionality to Marxist analysis that takes into account different forms of power and domination that do not always fall under the category of class. This is an important discovery because it shows the need for a synthesis of Marxism with other approaches for a deeper understanding of contemporary social realities. However, the study disagrees with poststructuralism's tendency to lack a clear political project for societal change. Marxism's revolutionary orientation provides a more robust framework for addressing systemic inequality, whereas poststructuralism often remains descriptive rather than prescriptive. Unlike Marxism, which offers a revolutionary project for the transformation of society, poststructuralism is more focused on the analysis of micro-power relations, which can lead to the absence of a clear strategy for overcoming inequality. This study shows that while poststructuralism is an important tool for the analysis of power, it must be combined with a Marxist critique of capitalism to provide a more complete analysis of social structures and possible ways of their transformation.

The results of this study highlight the complex application of Marxist theory in China and Kyrgyzstan, demonstrating both its potential and limitations in different socio-political contexts. As China became a world economic power, Marxism morphed into a more dogmatic justification of China's global ambitions. This conclusion is consistent with Boron,[41] who argues that China's Marxist ideology has changed from a tool of liberation to one that now reinforces new forms of economic dominance,

[39] Homi BHABHA, «Of Mimicry and Man: The Ambivalence of Colonial Discourse», *op.cit*

[40] Michael FOUCAULT, *Surveiller et Punir: Birth of Prison, op.cit.*

[41] Usmon BORON, «"And I Believe in Signs": Soviet Secularity and Islamic Tradition in Kyrgyzstan», *op, cit.*

particularly through initiatives such as the Belt and Road Initiative (BRI). While Boron sees this as a continuation of Marxist principles in a global context, this study offers a more critical perspective, highlighting how these practices mirror neo-colonial tendencies, contributing to economic dependence between countries in the Global South, including Kyrgyzstan.

The study supports Ergun's[42] position that Marxism, despite its ideological power, was insufficient to address the specific economic and political needs of post-Soviet republics such as Kyrgyzstan. The study's findings support S. Ergun's concerns, suggesting that China's influence in Kyrgyzstan today reflects neo-colonial practices rather than promoting true economic independence.

The results of the study emphasize the importance of integrating feminist and ecological approaches into Marxist theory. Feminist scholars such as Federici[43] have long pointed out that classical Marxism ignores the importance of gender inequality in the context of capitalist exploitation. Their writings emphasize that an analysis of capitalism must include the issues of women's unpaid work, gender roles in the economy, and the exploitation of women as the main part of the workforce. A feminist perspective reveals new aspects of exploitation that go beyond purely economic relations and include social and gender aspects. This study confirms that feminist criticism can significantly enrich Marxist theory, making it more flexible and sensitive to contemporary social challenges. Ecological Marxism, also considered in this study, opens new perspectives for the analysis of capitalism through the lens of the ecological crisis. Contemporary authors such as Foster[44] develop a Marxist critique of capitalism that considers the impact of economic exploitation on the natural environment. This approach shows that capitalism not only leads to social exploitation, but also to the degradation of natural resources, which poses a threat to the existence of humanity. The results of this study confirm the importance of integrating environmental criticism into Marxism, as it adds an important dimension to the classical theory of exploitation, allowing the analysis of capitalism in the global context of the environmental crisis. The obtained results confirm the importance of Marxist theory for the analysis of globalization processes. Harvey[45] supports the idea that globalization has led to the emergence of new forms of capitalist exploitation that transcend the boundaries of nation states. Global financial institutions, transnational corporations and global trade agreements are creating new forms of dependency for developing countries and increasing global economic inequality.

---

[42] Safiye Ergun, *China's Attempt to Become the Regional Hegemon in Central Asia: An Alternative Neo-Gramscian Analysis to the New Great Game, op.cit.*

[43] Silvia Federici, *Patriarchy of the Wage: Notes on Marx, Gender, and Feminism, op. cit.*

[44] John Bellamy Foster, *The Return of Nature: Socialism and Ecology, op.cit.*

[45] David Harvey, *The Anti-Capitalist Chronicles.* London: Pluto Press, 2020.

The results of the study show that modern Marxism is able to explain these processes through the analysis of global economic structures. This confirms the importance of preserving the Marxist critique of capitalism in the global context, where new forms of exploitation and inequality require additional theoretical understanding. However, modern Marxism needs to be adapted to effectively take into account not only the economic, but also the social and cultural aspects of globalization, which are often ignored in classical approaches. Social movements emerging in response to the challenges of globalization and capitalism are increasingly turning to Marxist concepts to formulate their demands. This study found that Marxist theory remains an important ideological tool for movements such as feminist, environmental, and racial minority rights movements. In particular, the concepts of exploitation and alienation that are central to Marxist critique are used to explain structural inequality in the modern world.

The obtained results open up new perspectives for further research in the field of the integration of Marxism with other philosophical currents. One important topic for future research is the analysis of the interaction between the Marxist critique of capitalism and the environmental crisis. Global climate change and the destruction of natural resources are creating new challenges for economic and social structures, and Marxism can play a key role in developing alternative models of sustainable development. Further development of feminist Marxism is also an important direction for future research. Women's unpaid work, gender exploitation and inequality remain among the main problems of contemporary capitalism, and a feminist perspective can significantly complement classical Marxist theory.

5. Conclusion

The results of the study demonstrate that Marxist critique continues to offer a robust framework for analyzing structural inequality, class domination, and capitalist exploitation. However, in order to adequately address the complexities of contemporary global realities, particularly those shaped by technological governance, algorithmic systems, environmental degradation, and postcolonial hierarchies, Marxism must evolve through theoretical integration with other philosophical currents. Postcolonial and postmodern theories enrich Marxist analysis by incorporating the cultural, racial, and identity-based dimensions of power, which are especially relevant in contexts where historical colonialism intersects with new forms of global dependency and neocolonial economic relations.

The integration of feminist and ecological perspectives has likewise generated significant shifts in Marxist thought. Feminist Marxism expands the notion of exploitation by foregrounding unpaid reproductive labor and gendered forms of inequality, while ecological Marxism reveals the systemic links between capitalist accumulation and environmental crisis. These critical lenses not only deepen theoretical understanding but also provide practical insight for contemporary social movements that mobilize around issues of gender justice, climate justice, and racial equity.

An important finding of the study is that artificial intelligence and algorithmic decision-making systems function as new instruments of capitalist discipline. They automate surveillance, depersonalize labor relations, and perpetuate historical biases under a veneer of neutrality. Philosophical reflections on responsibility and ethics, particularly those rooted in hermeneutic and phenomenological traditions, such as the works of Ricoeur and Gadamer, highlight the dangers of displacing human accountability in favor of opaque technological systems. These approaches emphasize that meaningful responsibility requires recognition, narrativity, and contextual understanding, all of which are disrupted by algorithmic governance.

The empirical analysis of China and Kyrgyzstan illustrates how Marxist ideology, initially employed as an anti-colonial force, has in some cases been reappropriated to justify new forms of economic dominance and geopolitical expansion. This underscores the necessity of a critical, non-dogmatic Marxism that is attentive to both historical legacies and current global asymmetries.

Despite its contributions, the study has limitations. The scope of philosophical integration, while significant, remains partial. Other potentially relevant perspectives, such as anarchist theory, critical data studies, or indigenous epistemologies, were not fully addressed and represent fruitful directions for further inquiry. Future research should also explore alternative models of technological development and governance that prioritize ethical responsibility, environmental sustainability, and democratic participation over capitalist efficiency.

In conclusion, the theoretical integration of Marxism with postcolonialism, feminism, ecological thought, and the ethics of technology offers a necessary and productive framework for understanding the evolving forms of power and inequality in the twenty-first century. Marxism, while retaining its critical edge, must adapt to the realities of algorithmic capitalism and global technological transformation in order to remain a relevant and effective tool of critique and resistance.

Author statement on the use of artificial intelligence tools

No generative artificial intelligence tools were used in the writing, analysis, or editing of this manuscript. All content, including conceptual development, argumentation, and composition, is entirely the result of the authors' independent academic work.

Bibliographic references

Albert, Michael J., «Capitalism and Earth System Governance: An Ecological Marxist Approach». *Global Environmental Politics* [Cambridge], 20/2, 2020, pp. 37-56.

ARMSTRONG, Elisabeth, «Marxist and Socialist Feminisms». In Nancy A. Naples (ed.), *Companion to Feminist Studies.* Hoboken: John Wiley & Sons, 2020, pp. 35-52.

BHABHA, Homi, «Of Mimicry and Man: The Ambivalence of Colonial Discourse». *October* [Cambridge], 28, 2021, pp. 125-133.

BORON, Usmon, «"And I Believe in Signs": Soviet Secularity and Islamic Tradition in Kyrgyzstan». *Comparative Studies in Society and History* [Cambridge], 66/2, 2024, pp. 342-368.

BOURASSA, Gregory N. & SLATER, Graham B., «The Biopolitical Turn in Educational Theory: Autonomist Marxism and Revolutionary Subjectivity in *Empire*». *Educational Philosophy and Theory* [Abingdon], 54/7, 2022, pp. 964-973.

BRASSIER, Ray, «Strange Sameness: Hegel, Marx and the Logic of Estrangement». In James Trafford & Pete Wolfendale (eds.), *Alien Vectors: Accelerationism, Xenofeminism, Inhumanism.* Oxon, New York: Routledge, 2020, pp. 88-94.

CALLINICOS, Alex; KOUVÉLAKIS, Stathis & PRADELLA, Lucia, *Routledge Handbook of Marxism and Post-Marxism.* New York: Routledge, 2020.

CAMPBELL, Brandley, «Social Justice and Sociological Theory». *Society,* 58/5, 2021, pp. 355-364.

CHASIN, Barbara H., *Inequality and Violence in the United States: Casualties of Capitalism.* Lanham: Lexington Books, 2022.

CHATTERJEE, Suparna, «A Suitable Woman: The Coming-Of-Age of the 'Third World Woman' at the Bottom of the Pyramid: A Critical Engagement». *Human Relations* [Thousand Oaks], 73/3, 2020, pp. 378-400.

CHEN, Lei & WANG, Chengbing, «One Hundred Years of Chinese Dialectical Logic: An Academic History of Logic Relating to Contemporary Chinese Marxism». *Educational Philosophy and Theory* [Abingdon], 54/11, 2022, pp. 1786-1795.

CHIBBER, Vivek, «Capitalism, Class and Universalism: Escaping the Cul-De-Sac of Postcolonial Theory». In *Identity Trumps Socialism.* New York: Routledge, 2022, pp. 79-93.

COLE, Mike, «A Marxist Critique of Sean Walton's Defence of the Critical Race Theory Concept of 'White supremacy'as Explaining all Forms of Racism, and Some Comments on Critical Race Theory, Black Radical and Socialist Futures». *Power and Education* [Thousand Oaks], 12/1, 2020, pp. 95-109.

COLPANI, Gianmaria, «Crossfire: Postcolonial Theory Between Marxist and Decolonial Critiques». *Postcolonial Studies* [Abingdon], 25/1, 2022, pp. 54-72.

CUONG, Nguyen Duy, «Feuerbach's Philosophical Ideas Profoundly Shaped the Development of Marxist Philosophy». *Synesis* [Rio de Janeiro], 16/3, 2024, pp. 38-51.

DA. C.M.C. DE CASTRO, José Vicente *A Neo-Marxist Social Class Approach to Mental Health.* Lisbon: University of Lisbon, 2022.

DAS, Raju J., «Social Oppression, Class Relation, and Capitalist Accumulation». In D. Fasenfest (ed.), *Marx Matters.* Leiden: Brill, 2022, pp. 85-110.

EGEMBERDIEVA, Gulzat & LAHUSEN, Thomas, «Postsocialist Hybridities: Finding a Place in Kyrgyzstan». In Thomas Lahusen, & S. Schahadat (eds.), *Postsocialist Landscapes: Real and Imaginary Spaces from Stalinstadt to Pyongyang.* Bielefed: Transcript Verlag, 2020, pp. 143-160.

EKERS, Michael; KIPFER, Stefan & LOFTUS, Alex, «On Articulation, Translation, and Populism: Gillian Hart's Postcolonial Marxism». *Annals of the American Association of Geographers* [Abingdon], 110/5, 2020, pp. 1577-1593.

ERGUN, Safiye, *China's Attempt to Become the Regional Hegemon in Central Asia: An Alternative Neo-Gramscian Analysis to the New Great Game.* Ankara: Middle East Technical University, 2022.

FANON, Frantz, *Les Damnés de la Terre.* Kiyikaat Éditions, 2016.

FARELD, Victoria & KUCH, Hannes, *From Marx to Hegel and Back: Capitalism, Critique, and Utopia.* London: Bloomsbury Publishing, 2020.

FEDERICI, Silvia, *Patriarchy of the Wage: Notes on Marx, Gender, and Feminism.* Oakland: PM Press, 2021.

FILHO, Alfredo Saad, «Re-Reading Both Hegel and Marx: The "New Dialectics" and the Method of Capital». *Brazilian Journal of Political Economy* [Buenos Aires], 17/1, 2022, pp. 115-130.

FOSTER, John Bellamy, *The Return of Nature: Socialism and Ecology.* New York: Monthly Review Press, 2020.

FOUCAULT, Michael, *Surveiller et Punir: Birth of Prison.* Paris: Gallimard, 1975.

FRIBERG, Anna, «Disrupting the Present and Opening the Future: Extinction Rebellion, Fridays for Future, and the Disruptive Utopian Method». *Utopian Studies* [University Park], 33/1, 2022, pp. 1-17.

GORZ, André, «Ecologie et Socialisme». *Écologie & Politique* [Paris], 24/1, 2022, pp. 71-95.

GUILHERME, Alex & PICOLI, Bruno Antonio, «Neoliberalism and Education in the Global South: A New form of Imperialism». In Immanuel NESS & Zak COPE (eds.), *The Palgrave Encyclopedia of Imperialism and Anti-Imperialism.* Cham: Palgrave Macmillan, 2021, pp. 1966-1978.

GUPTO, Arun, *Literary Theory and Criticism: Recent Writings from South Asia.* London: Routledge India, 2021.

HARVEY, David, *The Anti-Capitalist Chronicles.* London: Pluto Press, 2020.

HOFMANN, Wilhelm, «Jürgen Habermas: Theory of Communicative Action. Vol. 1: Action Rationality and Social Rationalization; Vol. 2: Critique of Functionalist Reason, Suhrkamp: Frankfurt 1981, 533 + 632 pp». In Samuel Salzborn (eds.), *Classics of the Social Sciences.* Wiesbaden: Springer VS., 2016, pp. 321-324.

HOOKS, Bell, *Feminist Theory: From Margin to Center.* Boston: South End Press, 2020.

HUNG, Ho-fung, «Recent Trends in Global Economic Inequality». *Annual Review of Sociology* [San Mateo], 47/1, 2021, pp. 349-367.

LACLAU, Ernesto & MOUFFE, Chantal, *Hegemony and Socialist Strategy: Towards a Radical Democratic Politics.* London, New York: Verso, 1988.

LOTTHOLZ, Philipp, *Post-Liberal Statebuilding in Central Asia: Imaginaries, Discourses and Practices of Social Ordering.* Bristol: Bristol University Press, 2022.

MARX, Karl & ENGELS, Friedrich, *Das Kapital: Critique of Political Economy.* Hamburg: Walter de Gruyter, 1867.

MARX, Karl & ENGELS, Friedrich, *The German Ideology.* Berlin: Akademie Verlag, 2010.

MOUFFE, Chantal, *The Democratic Paradox.* London, New York: Verso, 2000.

MUSTO, Marcello, *The Marx Revival: Key Concepts and New Critical Interpretations.* Cambridge: Cambridge University Press, 2020.

NDLOVU-Gatsheni, Sabelo J. & NDLOVU, Morgan, *Marxism and Decolonization in the 21st Century: Living Theories and True Ideas.* London: Routledge, 2021.

NGUYEN, Phuoc Tai, «Contemporary Interpretation of Marx's Philosophy of Life: New Era "Good Life" Inspiration». *Pakistan Journal of Life and Social Sciences,* 22/1, 2024, pp. 1178-1186.

ØVERSVEEN, Emil, «Capitalism and Alienation: Towards a Marxist Theory of Alienation for the 21st Century». *European Journal of Social Theory* [Thousand Oaks], 25/3, 2021, pp. 440-457.

PERRY, Matt, *Marxism and History.* Cham: Palgrave Macmillan, 2021.

PETERS, Michael A; WANG, Chengbing; ZHEN, Han; ZHONGYING, Shi; XIANGPING, Shen; CHEN, Lei; XIN, Yu; YULIAN, Fu; KEFEI, Xu & FEI, Wei, «Contemporary Chinese Marxism: Social Visions and Philosophy of Education – An EPAT Collective Project». *Educational Philosophy and Theory* [Abingdon], 54/10, 2022, pp. 1550-1559.

PETRUCCIANI, Stefano, «Adorno, Habermas, and the Self-Criticism of Modernity». In *Theodor W. Adorno's Philosophy, Society, and Aesthetics.* Cham: Palgrave Macmillan 2021, pp. 149-163.

PHELAN, Sean, «What's in a Name? Political Antagonism and Critiquing 'Neoliberalism'». *Journal of Political Ideologies* [Abingdon], 27/2, 2022, pp. 148-167.

Sartre, Jean Paul, *Critique of Dialectical Reason: Preceded by Question of Method.* Paris: Gallimard, 1961.

Sartre, Jean Paul, *Methodological Issues.* Paris: Gallimard, 1986.

Schuringa, Christoph, «Genre and Universality: Feuerbach, Marx and German Idealism». In Luca Corti & Johannes-Georg Schülein (eds.), *Life, Organisms, and Human Nature. Studies in German Idealism.* Cham: Springer, 2023, pp. 247-262.

Siddiqui, Kalim, «Capitalism, Imperialism, and Crisis». *European Financial Review* [London], 2023, pp. 16-32.

Spivak, Gayatri Chakravorty, «Can the Subaltern Speak?» Peter H. Cain & Mark Harrison (eds.), *Imperialism: Critical Concepts in Historical Studies.* London: Routledge, 2023, pp. 171-219.

Stepelevich, Lawrence, *Max Stirner on the Path of Doubt.* Lanham, Boulder, New York, London: Lexington Books, 2020.

The EU Artificial Intelligence Act. https://artificialintelligenceact.eu/

Tu, Thi Cam Tu, «The Issue of the Happiness of Human in the "Principles of Philosophy of the Future" of Ludwig Feuerbach». *Journal of Advances in Education and Philosophy* [Dubai], 4/7, 2020, pp. 329-333.

Yurchenko, Yuliya, «Humans, Nature and Dialectical Materialism». *Capital & Class* [Thousand Oaks], 45/1, 2021, pp. 33-43.

Qihui ZHANG
Jianzhong LIANG
Yingyu ZHANG
Cholponbay NUSUPOV
Mariam EDILOVA

ELS FONAMENTS METAÈTICS DEL PRIMER PETER SINGER

Martí COLOM NICOLAU

Universitat de les Illes Balears
marti.clm@gmail.com
N.º ORCID: 0000-0002-9181-8240
Article rebut: 26/03/2025
Article aprovat: 17/09/2025
DOI: 10.60940/comprendrev28n1id980000016869

Resum

Aquest article pretén oferir una reconstrucció crítica de les principals tesis de caràcter metaètic que trobam a l'obra del primer Peter Singer, que està principalment influïda per R. M. Hare i la seva proposta d'una ètica racionalista i no-cognitivista: el prescriptivisme universal. Així, es comença per identificar els elements principals de la proposta metaètica del mestre, per passar a examinar, a partir de l'estudi d'algunes de les obres més rellevants del primer Singer, la manera amb què s'hi relaciona i com va qüestionant-les i deixant-les progressivament enrere, fins apuntar en la direcció d'una transició envers l'objectivisme ètic influït per Derek Parfit i Henry Sidgwick, que marcarà la seva segona etapa.

Paraules clau: objectivisme, subjectivisme, utilitarisme, motivació, racionalitat.

The metaethical foundations of the early Peter Singer

Abstract

This article aims to offer a critical reconstruction of the main metaethical theses found in the work of the early Peter Singer, which is primarily influenced by R. M. Hare and his proposal of a rationalist and non-cognitivist ethics: universal prescriptivism. Thus, it begins by identifying the main elements of Hare's metaethical proposal, then proceeds to examine, through the study of some of the most relevant works of the early Singer, how he relates to it, questions it, and gradually moves away from it, eventually pointing towards a transition to ethical objectivism influenced by Derek Parfit and Henry Sidgwick, which will define his second stage.

Key words: objectivism; subjectivism; utilitarianism; motivation; rationality.

1. Introducció i estat de la qüestió[1]

El filòsof australià Peter Singer és conegut tant per les seves aportacions a l'àmbit de l'ètica normativa —en què destaca com un dels màxims exponents de l'utilitarisme contemporani—, com, sobretot, per la seva feina pionera a l'àmbit de l'ètica aplicada, en què ha contribuït a modelar la discussió contemporània de qüestions com la consideració moral dels animals, la pobresa global o algunes de les principals discussions del camp de la bioètica.

Tenint en compte que Singer té una dilatada carrera a les seves espatlles i que és una figura pública de gran anomenada, seria d'esperar que des de l'acadèmia s'haguessin treballat en detall tots els temes i arestes de la seva obra. En conseqüència, ja no hauria de quedar gaire espai per dir qualque cosa innovadora sobre el seu pensament, i un article com aquest correria el risc de ser superflu.

Però és aquí on qui s'interessi per la filosofia de Singer i el tractament acadèmic que ha rebut pot endur-se una sorpresa. Tot i que una miríada d'autors d'arreu del món han discutit les seves idees —sobretot per mitjà d'articles acadèmics i tesis doctorals—, l'atenció s'ha dirigit, gairebé de manera exclusiva, a les seves contribucions a l'ètica pràctica, i, en menor mesura, a les qüestions d'ètica normativa.[2]

Tanmateix, els plantejaments pràctics i normatius necessàriament descansen, en darrer terme, sobre un substrat metaètic, i el cas de Singer no és una excepció. Quan reflexionem sobre les solucions que ha donat als problemes concrets que suara esmentàvem, així com sobre el compromís utilitarista que les ha inspirat, atendre als seus pressupostos metaètics resulta inevitable.[3] En l'estudi de la proposta de Singer, la negligència d'aquest nivell metaètic ha conduït a una lectura descontextualitzada de fragments de la seva obra, sense entendre quina és la seva ubicació sistemàtica dins el conjunt de la seva bastimentada filosòfica. Això explica perquè la crítica que ha suscitat tan sovint ha acabat discutint amb un home de palla.[4]

---

[1] Totes les traduccions de les citacions que es troben al llarg de l'article són nostres.

[2] Una ràpida consulta a qualsevol dels cercadors habituals de publicacions acadèmiques de «Singer» acompanyat de termes com «avortament», «infanticidi» o «animals» ens proporcionarà multitud de resultats que ho corroboren.

[3] «A pesar de la naturalesa abstracta i profundament controvertida de la metaètica, les seves preocupacions centrals sorgeixen de manera natural —i tal volta fins i tot inevitable— quan es reflexiona críticament sobre les pròpies conviccions morals». Cf. Geoffrey SAYRE-MCCORD, «Metaethics». A E. N. ZALTA i U. NODELMAN (ed.), *The Stanford Encyclopedia of Philosophy*. Metaphysics Research Lab: Stanford University, 2023. Disponible: https://plato.stanford.edu/archives/spr2023/entries/metaethics/ [Última consulta: 06/03/2025].

[4] Aquesta aproximació fal·laç a la filosofia singeriana també ha tingut lloc fora de l'acadèmia, i es posà de manifest amb especial virulència durant el que la premsa batià com el *Singer Affair*, que consistí en una «cancel·lació» —*avant la lettre*— als països de parla alemanya a finals dels anys vuitanta i principis dels noranta, que Singer patí. Ell mateix ha explicat que «va ser extremadament frustrant que hi hagués gent que intentava impedir-me de parlar i que, clarament, tenia molt poca idea del que jo estava dient». Sovint només havien llegit alguns fragments descontextualitzats de la seva obra, i el prenien per algú d'extrema dreta, amb simpaties pel nazisme, i contrari a qualsevol millora en la situació de les persones amb discapacitat. Cf. Peter SINGER, «An

La desatenció de la crítica a la tasca de sistematitzar els fonaments metaètics singerians es fa palesa en el fet que pràcticament no existeixen obres sobre aquest aspecte del seu pensament. L'excepció la constitueix *Peter Singer's Ethics: A Critical Appraisal*, d'Amin John Abboud (1965-2013), una monografia que es va publicar el 2018 i que pretén cartografiar els fonaments teòrics de Singer tot identificant-ne les limitacions, a fi de poder valorar la viabilitat de les seves conclusions pràctiques. Tot i que es tracta d'un treball ambiciós i únic en la seva espècie, passats els anys presenta algunes limitacions. La primera és més aviat logística, i té a veure amb el fet que es tracta d'una obra que no ha gaudit d'una gran distribució i que, en conseqüència, no és bona de trobar. La segona, aquesta sí de caràcter substantiu, té a veure amb el fet que noves publicacions per part de Singer l'han fet quedar desfasada en aspectes importants. [5]

Més enllà d'aquesta monografia, si volem trobar treballs recents que despleguin aproximacions més o manco sistemàtiques a la metaètica singeriana,[6] hem d'acudir a articles com per exemple «Peter Singer, R. M. Hare, and the Trouble With Logical Consistency», de Rhys Southan, o « Metaethical grounds for changing the understanding of values in Peter Singer's ethics», de Jakub Synowiec. [7]

A la vista d'aquest panorama, queda acreditada la rellevància de l'objectiu d'aquest article, que és, a saber, el d'oferir una panoràmica crítica de la metaètica a l'obra de Peter Singer, a la manera d'un recorregut per l'evolució dels seus posicionaments en aquest àmbit, que proporcioni una base sobre la qual construir una millor comprensió global de la teoria ètica que proposa. Així mateix, volem remarcar que si deim que aquesta reconstrucció és critica és perquè no ens limitam a resumir les tesis singerianes, sinó que n'examinam la solidesa i consistència.

Intellectual Autobiography». A J. A. Schaler (ed.), *Peter Singer Under Fire: The Moral Iconoclast Faces His Critics*. Open Court, 2009, p. 48-50.

[5] Resulta interessant dir qualque cosa més sobre Abboud. Australià d'ascendència libanesa, estudià medicina i s'hi dedicà fins que s'integrà a l'Opus Dei i acabà ordenant-se capellà el 2006. Morí d'un atac de cor quan tot just tenia 48 anys. El seu llibre, que hem comentat al cos del text, es basa en la seva tesi doctoral, elaborada a la Universidad de Navarra sota la direcció de Sergio Sánchez-Migallón Granados, i que es va llegir l'any 2006. La tesi examina obres de Singer aparegudes fins al 2005. Un dels seus principals atractius és que, tot i la clara adscripció catòlica del seu autor, s'hi fa un esforç per examinar la solidesa de les tesis singerianes en els seus propis termes. El text de la tesi complet tampoc no es troba disponible en format virtual, però és possible consultar-ne un centenar de pàgines al següent enllaç: https://dadun.unav.edu/server/api/core/bitstreams/1074979f-8234-4954-9afb-72e04eec3d33/content [Última consulta: 5/06/2025]. El llibre, per tant, aparegué pòstumament, i no ha gaudit de gaire difusió. En tot cas, que l'única monografia publicada sobre Singer sigui aquesta crida notablement l'atenció, tenint en compte la popularitat de l'utilitarista.

[6] És a dir, que no tractin el tema tangencialment al fil d'una discussió principal sobre qüestions que, quasi sempre, són d'ètica pràctica, o, en molta menor mesura, d'ètica normativa.

[7] Ambdós articles resulten interessants, però altra vegada crida l'atenció que siguin signats per autors amb poca anomenada dins l'ecosistema intel·lectual en què Singer s'ha mogut. És cert que, en el cas de Southan, quan l'article va publicar-se estava afiliat a la Universitat d'Oxford, però no hem pogut esbrinar la naturalesa d'aquesta afiliació (segons el web PhilPeople, en el present és un estudiant de doctorat a la Facultat de Filosofia d'Oxford. Disponible: https://philpeople.org/profiles/rhys-southan Última consulta: 05/06/2025]).

Aquesta tasca resulta encara més interessant i necessària si es té en compte que Singer ha fet part de dues concepcions metaètiques molt diferents al llarg de la seva vida. Així, distingim una primera etapa en què segueix a R. M. Hare i al seu prescriptivisme universal, i una segona etapa, inspirada per Henry Sidgwick i Derek Parfit, en què es decanta envers certa forma d'objectivisme. Estudiar aquestes dues etapes excediria amb escreix l'espai de què aquí disposem, de manera que, de moment, ens centrarem en la primera, i haurem de deixar l'examen de la segona per a una futura ocasió.[8]

L'estructura que desplegarem a les següents pàgines serà la següent: en primer lloc, un breu aclariment conceptual sobre el sentit en què parlarem de metaètica al llarg de l'article. A continuació, passarem a reconstruir l'evolució de la metaètica singeriana durant aquesta primera etapa. Per fer-ho, començarem per presentar, de manera forçosament succinta, en què consisteix la proposta metaètica de R. M. Hare, sota l'influx de la qual Singer desenvolupa la seva pròpia. A continuació, de manera cronològica, examinarem les idees que trobam en aquelles obres singerianes que contenen les contribucions més rellevants a la qüestió metaètica. Acabarem amb un breu epígraf en què, a més de sintetitzar les principals conclusions a què hem arribat, indicarem els elements que apunten cap al canvi envers l'objectivisme que definirà la seva segona etapa metaètica.

2. De què parlam quan parlam de metaètica

Si volem estudiar la dimensió metaètica del pensament de Peter Singer, cal començar per dir qualque cosa sobre la metaètica a les seques, i quan provem de fer-ho tot d'una descobrim que el de la metaètica és un terreny abonat per a la confusió i l'obscuritat. D'una banda, perquè el vocabulari metaètic està estibat de termes als quals cada autor dona un significat diferent, de manera que no aniria del tot desencaminat qui afirmés que els grans problemes metaètics es deuen a malentesos lingüístics, malentesos que es podrien evitar atenent al significat de les paraules.[9] D'altra banda, perquè la metaètica implica qüestions complexes de caràcter epistemològic, ontològic, semàntic-lingüístic i psicològic que sovint apareixen superposades i entremesclades amb altres qüestions d'ètica normativa i d'ètica aplicada.

En vista d'aquests antecedents, no és sobrer aclarir de què parlarem quan, a les següents pàgines, parlem de metaètica. Com que el que segueix no és tant una investiga-

[8] Abans de continuar, també podem avançar que aquest trànsit entre postures metaètiques té el seu reflex a nivell d'ètica normativa, amb el pas de l'utilitarisme de la preferència a l'utilitarisme hedonista. Tanmateix, torna a tractar-se d'una qüestió que mereix una atenció detallada, i que, conseqüentment, també haurem de deixar per a més endavant.

[9] Per exemple, a un malentès atribueix Parfit el seu desacord amb Bernard Williams. Cf. Derek Parfit, «Part Six: Normativity». A S. Scheffler (ed.), *On What Matters* (Vol. 2). Oxford: Oxford University Press, 2011, p. 433 i següents.

ció sobre la naturalesa de la metaètica sinó sobre els plantejaments metaètics de Singer, tampoc no és precís entrar en grans disquisicions. N'hi haurà prou sabent que, als propòsits d'aquest article, la metaètica es defineix com un saber de segon ordre que té l'ètica per objecte de reflexió.

Aquest saber de segon ordre inclou l'ontologia moral (si existeixen o no els fets morals, quina és la seva naturalesa, la normativitat...), l'epistemologia moral (com obtenim coneixement de les veritats morals, si és que existeixen), la semàntica moral (quin és el significat dels judicis morals) i la psicologia moral (quina és la relació entre l'ètica i la motivació).[10] A més, també es poden atribuir a aquest saber les reflexions sobre el mètode ètic i sobre l'origen de l'ètica. Prestarem atenció a tots aquests aspectes en l'epígraf següent, per tal de reconstruir la postura metaètica del primer Singer.

3. La metaètica del mestre: R. M. Hare i el prescriptivisme universal

Com ja hem avançat, els posicionaments metaètics de Singer d'aquesta primera etapa estan marcats, sobretot, per la influència dels plantejaments de R. M. Hare. Richard Mervyn Hare (1919-2002)[11] fou un filòsof moral anglès que, sense ser aliè a les qüestions d'ètica aplicada, dedicà bona part de la seva producció filosòfica a la metaètica. En aquest àmbit, la seva proposta fou el prescriptivisme universal.[12]

En el prescriptivisme universal, Hare volgué combinar el compromís amb l'axioma humià de la no derivabilitat de l'*is* de l'*ought*, que el separava del realisme moral,[13] amb la concepció kantiana de l'ètica com a empresa fonamentalment racional, que l'allu-

[10] Cf. Geoffrey Sayre-McCord, «Metaethics». A E. N. Zalta i U. Nodelman (ed.), *The Stanford Encyclopedia of Philosophy.* Metaphysics Research Lab: Stanford University, 2023. Disponible: https://plato.stanford.edu/archives/spr2023/entries/metaethics/ [Última consulta: 06/03/2025].

[11] Per una introducció a Hare, cf. Anthony Price, «Richard Mervyn Hare». A E. N. Zalta i U. Nodelman (ed.), *The Stanford Encyclopedia of Philosophy.* Metaphysics Research Lab: Stanford University, 2023. Disponible: https://plato.stanford.edu/entries/hare/ [Última consulta: 06/03/2025], cf. Jonathan Baron, «Richard M. Hare». A R. Y. Chappell, D. Meissner i W. MacAskill (ed.), *An Introduction to Utilitarianism.* Disponible: https://www.utilitarianism.net/pdf/Richard_M_Hare_Utilitarianism_net.pdf [Última consulta: 06/03/2025]. Per una breu autobiografia filosòfica, cf. Richard Mervyn Hare, «A Philosophical Autobiography». *Utilitas*, 14 (3), 2002, p. 269-305.

[12] El desenvolupà, principalment, a Richard Mervyn Hare, *The Language of Morals.* Oxford: Clarendon Press, 1952 [1961]; a Richard Mervyn Hare, *Freedom and Reason.* Oxford: Clarendon Press, 1963; i a Richard Mervyn Hare, *Moral Thinking: Its Levels, Method, and Point.* Oxford: Oxford University Press, 1981.

[13] «Els realistes morals són aquells que pensen que les afirmacions morals [*moral claims*] pretenen reportar fets i són vertaderes si ho fan correctament». Cf. Geoffrey Sayre-McCord, «Moral Realism». A E. N. Zalta i U. Nodelman (ed.), *The Stanford Encyclopedia of Philosophy.* Metaphysics Research Lab: Stanford University, 2021. Disponible: https://plato.stanford.edu/entries/moral-realism/ [Última consulta: 06/03/2025]. A més, «els realistes morals són cognitivistes en la mesura que pensen que els judicis morals són aptes per a una veritat i falsedat sòlida, i que molts d'ells efectivament són vertaders». Cf. Mark van Roojen, «Moral Cognitivism vs. Non-Cognitivism». A E. N. Zalta i U. Nodelman (ed.), *The Stanford Encyclopedia of Philosophy.* Metaphysics Research Lab: Stanford University, 2023. Disponible: https://plato.stanford.edu/entries/moral-cognitivism/ [Última consulta: 06/03/2025].

nyava de certs subjectivismes o no-cognitivismes.[14] Així doncs, la seva proposta es pot llegir com un intent de demostrar que és possible una ètica racional no-cognitivista.

A aquesta ètica, la racionalitat no li vendrà del costat substantiu —és a dir, del fet d'adequar-se a certes veritats morals objectives—, sinó d'adoptar una certa forma o lògica: la lògica del llenguatge moral, que combina un caràcter prescriptiu amb un caràcter universalitzable. Així, en el marc hareà, quan s'empra un judici moral s'està «prescrivint a *qualsevol* en una situació semblant que faci el mateix».[15]

Ara bé, en tant que lògica —que té un caràcter formal—, cal aplicar-la sobre una *matèria*. Hare pren de punt de partida el *selfish prudential reasoning*, és a dir, la persecució egoista dels propis interessos. Si cadascun dels afectats aspira a la satisfacció dels seus interessos particulars, la lògica dels termes morals obliga al fet que, a l'hora de fer un judici moral, hom triï el curs d'acció que, «amb tot plegat, manco frustri els desitjos que m'he imaginat tenint». És a dir, que es triï el curs d'acció que maximitzi la satisfacció d'interessos.[16] I és que, per Hare, el propi caràcter lògic del llenguatge moral aboca a una versió preferencialista de l'utilitarisme.[17]

[14] El terme *no-cognitivista* descriu una postura metaètica de caràcter epistemològic. Segons aquesta teoria: «Moral statements have no substantial truth conditions. [W]hen people utter moral sentences they are not typically expressing states of mind which are beliefs or which are cognitive in the way that beliefs are. Rather they are expressing non-cognitive attitudes more similar to desires, approval or disapproval». (Cf. Mark van Roojen, *op. cit.*). El terme *subjectivista* és un terme polisèmic que s'empra per identificar diverses postures metaètiques de caràcter ontològic, algunes de les quals incompatibles entre si. En un dels significats que aquest terme adopta, és coextensiu amb el terme *no-cognitivisme* tal com l'hem definit. És en aquest sentit que aquí, com fan molts autors, estam equiparant subjectivisme i no-cognitivisme. Normalment, quan es parla de no-cognitivisme s'està parlant de l'emotivisme —en les versions d'A. J. Ayer o de C. L. Stevenson— i del prescriptivisme universal hareà. Tanmateix, tal com apuntem al cos principal del text, és important tenir en compte que la teoria hareana dona molt més protagonisme a la raó que no pas l'emotivisme. Més endavant detallarem l'ús que fa Singer d'aquests dos termes.

[15] Richard Mervyn Hare, *Freedom and Reason*. Oxford: Clarendon Press, 1963, p. 48.

[16] *Ibid.*, p. 123

[17] *Ibid.*, p. 118; també a Richard Mervyn Hare, *Moral Thinking: Its Levels, Method, and Point*. Oxford: Oxford University Press, 1981, p. 4. A Hare li ha estat molt discutit aquest intent de derivar una posició moral substantiva, com és l'utilitarisme, a partir de propietats lògiques del llenguatge. Price comenta que «sembla implausible que la mera activitat de prescriure universalment comprometi un parlant a una posició ètica substantiva, i encara manco a una de tan distintiva», a Anthony Price, *op. cit.* Hare afirma que el principi utilitarista «Cadascú compta per un, ningú per més d'un» és, «de la mateixa manera que el mateix principi d'universalitzabilitat, [...] un principi purament formal, que se segueix del caràcter lògic dels termes morals». Richard Mervyn Hare, *Freedom and Reason*. Oxford: Clarendon Press, 1963, p. 118. Tot i això, el principi de maximització d'interessos no és només formal, sinó que deriva de l'exigència d'universalitzabilitat en conjunció amb la suposició fàctica que les persones són egoistes i aspiren a veure satisfets els seus interessos particulars. Com a prova d'això, basta veure que de la universalitzabilitat és impossible arribar a la maximització de la satisfacció d'interessos sense la premissa substantiva antropològica. La universalitzabilitat et compromet amb donar el mateix pes als interessos implicats. Això inclou l'opció de donar-los zero pes o l'opció de maximitzar-ne la satisfacció. Ambdues opcions són igual d'imparcials, i, per tant, la universalitzabilitat no permet decantar-se per una. Com acabem de dir, per optar per la maximització cal introduir una premissa addicional, a saber, la premissa substantiva que la gent aspira a la satisfacció egoista dels propis interessos.

4. La metaètica del primer Singer

4.1. La recepció de R. M. Hare per part de Singer

Singer entra en contacte amb la figura de Hare durant el seu darrer any com a *undergraduate* a Melbourne, quan llegeix *The Language of Morals* i *Freedom and Reason*. Quan parteix de cap a Oxford, hi estableix coneixença i es converteix en el seu deixeble.[18] Singer pren la metaètica d'aquests dos llibres hareans com els fonaments sobre els quals construir la seva ètica normativa i, sobretot, pràctica. Al llarg de les pàgines que venen veurem que algunes de les idees de Hare que més aferren en Singer són la negació de l'existència de veritats morals objectives; la confiança que, tot i així, l'ètica pot ser una activitat racional; situar aquesta racionalitat en la lògica del llenguatge moral, i, en especial, en l'exigència d'universalitzar; o prendre els interessos o les preferències com a punt de partida, concebent l'ètica com a autointerès universalitzat.

4.2. The Triviality of the Debate Over «Is-Ought» and the Definition of «Moral» (1973)

Com a punt de partida en aquest recorregut, és interessant arrancar amb aquest article, un dels primers que publica Singer, que neix d'un diàleg amb Hare i amb la filosofia moral anglosaxona del segle XX. Si diem que és interessant referir-se a aquest article és perquè, encara que de manera embrionària, ja marca les línies mestres que articularan la indagació metaètica d'aquest primer Singer.

Per a Singer, en tant que pensador que sempre ha estat preocupat, sobretot, pels assumptes pràctics, la qüestió central de la metaètica —en el sentit de ser la qüestió de major rellevància pràctica— és *why be moral?*[19], o, dit en altres termes, quina casta de raons i arguments es poden oferir per persuadir a la gent d'actuar de manera moral.[20]

Singer considera que ni el subjectivisme, ni el que hem anomenat realisme (tant en la seva versió naturalista com en la no-naturalista), ni tampoc el prescriptivisme universal hareà no serveixen per aconseguir aquesta persuasió: «Hi ha límits a allò que qualsevol explicació de la moral pot fer. Cap definició de *moral* no pot salvar la bretxa entre fets i acció».[21]

[18] Cf. Peter SINGER, «An Intellectual Autobiography». A J. A. Schaler (ed.), *Peter Singer Under Fire: The Moral Iconoclast Faces His Critics.* Open Court, 2009, p. 15.

[19] No debades, l'equivalent al seu treball de fi de grau, que va dur a terme a la Universitat de Melbourne baix la supervisió de H. J. McCloskey, ja pretenia respondre aquesta mateixa pregunta.

[20] Cf. Peter SINGER, «An Intellectual Autobiography». A J. A. SCHALER (ed.), *Peter Singer Under Fire: The Moral Iconoclast Faces His Critics.* Open Court, 2009, p. 22.

[21] Peter SINGER, «The Triviality of the Debate over "Is-Ought" and the Definition of "Moral"». *American Philosophical Quarterly,* 10 (1), 1973, p. 56.

Si aquesta via condueix a un atzucac però no volem resignar-nos i creiem que seria desitjable que la gent actués de forma moral, quines opcions tenim disponibles? Singer comenta la possibilitat —d'ecos humians i smithians— d'apel·lar a unes *sympathy and benevolence* compartides; o d'apuntar —a la manera aristotèlica— que la possibilitat d'una amistat genuïna no està a l'abast dels egoistes. Però l'opció que li sembla més prometedora és la que consisteix a plantejar la pròpia realització com la recompensa a l'actuar ètic:

> We may talk of the fulfillment and real happiness that can come through knowing that one has done what one can to make the world a little better, and contrast this with the disappointments and ultimate sense of futility which are likely to come from a self-centered existence devoted to nothing but selfish concerns.[22]

4.3. La primera edició de Practical Ethics (1979)

L'any 1979 Singer publica el reeixit manual d'ètica aplicada *Practical Ethics*. En termes metaètics, és rellevant el primer capítol, que és on es fa més patent «l'empremta que deixà R. M. Hare»,[23] i el capítol final, on Singer es dedica a la pregunta «Why act morally?».

Al primer capítol Singer desplega la seva caracterització de l'ètica. Com a punt de partida, nega l'existència de fets morals objectius. Per tant, l'ètica no pot consistir a descriure aquests fets. Significa això que la seva és una concepció subjectivista de l'ètica? La resposta és negativa si per *subjectivista* s'entén *relativista*, ja sigui en la versió del relativisme cultural, ja sigui en la versió «que concep els judicis ètics com a descripcions de les actituds del parlant».[24] Singer segueix a Hare i fa seu el compromís amb la tesi humiana segons la qual no és possible deduir judicis morals a partir de judicis de fet. Com que el relativisme fa precisament aquest tipus de deducció, ha de ser descartat.

No obstant això, Singer sí que concep l'ètica en termes *subjectivistes* si emprem el mot en una accepció més sofisticada que la fa equivalent a *no-cognitivistes*. Dins aquesta família hi ha diverses teories —«l'emotivisme d'Stevenson, el prescriptivisme de Hare, o l'*error-theory* de J. L. Mackie», i, per Singer, totes són «explicacions de l'ètica plausibles». En la mesura que no es dediquen ni a descriure «els propis estats mentals subjectius» ni a descriure fets morals objectius, «no hi ha dubte que l'encerten».[25]

[22] *Ibid.*, p. 53-54.

[23] Peter Singer, *Practical Ethics* (1a ed.). Cambridge: Cambridge University Press, 1979, p. vii.

[24] *Ibid.*, p. 7.

[25] *Id.*

Ara bé, conscient que «la qüestió del paper que la raó pot tenir en l'ètica és el punt crucial que planteja l'afirmació que l'ètica és subjectiva», Singer passa a fer una aproximació positiva al concepte d'ètica «que atorgui a la raó un rol important en la presa de decisions ètiques».[26] Arranca establint que «l'ètica és, en cert sentit, universal».[27] Més concretament, en el sentit que actuar èticament implica estar en condicions de justificar la pròpia conducta adduint un cert tipus de raons, és a saber, raons que vagin més enllà dels *propis* interessos particulars. Tot i que recórrer al llenguatge de les raons per parlar d'aquestes qüestions és una novetat que introdueix Singer, podem observar com es manté a l'estela de Hare en el fet de considerar que la racionalitat, en l'ètica, s'hi introdueix en termes formals, més que no pas en uns continguts concrets.

A continuació, Singer repeteix l'estratègia del mestre però insistint en el caràcter temptatiu de la proposta: «un cop aplicam l'aspecte universal de l'ètica a decisions simples de caràcter pre-ètic, ràpidament arribam a una posició *en principi* utilitarista».[28] El punt de partida torna a ser l'agent autointeressat —Singer parla de la «natural preocupació que es tengui cura dels [propis] interessos» (subratllat nostre).[29] Com que l'ètica implica adoptar un punt de vista universal, els meus interessos no poden comptar més que els interessos aliens pel mer fet de ser *meus*. D'això se'n deriva que, a l'hora d'actuar, he de prendre en consideració tots els interessos en joc. La conclusió és que cal adoptar el curs d'acció «que, amb major probabilitat, maximitzi els interessos dels afectats».[30] A partir d'aquí, seran els qui vulguin anar més enllà d'aquesta primera base utilitarista els qui hauran d'aportar bones raons per justificar-ho.[31]

Com havíem avançat, l'altra gran qüestió metaètica que Singer explora és la de «why should I be moral?». Cal començar per advertir que el tractament que en fa dista de ser clar i coherent en diversos punts. Gran part de la confusió neix del fet que interpreta la pregunta «why should I be moral?» com si fos equivalent a la pregunta «és racional ser moral?» o «hi ha raons per ser moral?», però en cap moment explica, de manera explícita, què entén per *raó* o *racional*, ni tampoc no fa un ús consistent d'aquests termes i dels seus derivats.[32]

[26] *Ibid.*, p. 7-8.

[27] *Ibid.*, p. 11.

[28] *Ibid.*, p. 13.

[29] *Ibid.*, p. 12.

[30] *Id.*

[31] Com Hare, Singer aposta per un utilitarisme que no gira al voltant de les nocions de plaer i dolor, sinó que posa al centre la satisfacció dels interessos dels afectats.

[32] Resulta interessant veure que a *Moral Thinking* (1981), que va aparèixer dos anys després de *Practical Ethics* (1979), Hare adverteix que «una de les claus per aconseguir claredat en aquest àmbit és evitar l'ús del mot "racional"», perquè sovint s'empra amb diferents sentits, i això embulla les coses. Richard Mervyn Hare, *op. cit.*, p. 190. Per ventura, en formular aquesta advertència, tenia en ment al seu deixeble.

Així, d'una banda, Singer considera que «why should I be moral?» és una pregunta significativa, en la mesura que s'interroga sobre «les eleccions pràctiques últimes per excel·lència».[33] En aquesta línia, defensa que és important intentar respondre aquesta pregunta, perquè l'alternativa és resignar-se que adoptar —o no adoptar— el punt de vista moral sigui una decisió «"més enllà de la raó" —en cert sentit, una elecció arbitrària».[34]

D'altra banda, també defensa una concepció humiana instrumental de la raó pràctica, segons la qual «els fins venen dats pels nostres anhels i desitjos» i el paper de la raó és el d'avaluar mitjans per a fins preestablerts.[35] En aquest esquema de coses, per tant, la racionalitat no es predica dels fins, sinó dels mitjans. Si això és així, no s'entén com seria possible evitar que la decisió d'adoptar —o no adoptar— el punt de vista moral acabés essent una decisió que queda «"més enllà de la raó"».[36]

En un intent d'oferir la millor reconstrucció possible del raonament singerià, una lectura plausible seria la d'entendre que Singer està plantejant i responent dues qüestions distintes. D'una banda, si resulta racional apostar per l'ètica com a fi últim. D'altra banda, si resulta racional adoptar l'ètica com a mitjà per a la consecució d'uns determinats fins preestablerts.

En relació amb la primera pregunta, la resposta de Singer és que no és possible provar la necessitat racional d'actuar èticament. O, dit en altres termes, que no resulta irracional no triar l'ètica com a fi últim, o que resulta racional no triar-la. L'obstacle que ho impedeix és «la distinció de sentit comú entre un mateix i els altres»[37] que, tal com ja havia observat Henry Sidgwick, «és fonamental a l'hora de determinar el fi últim de l'acció racional per a l'individu».[38] Fixem-nos que el que Singer defensa no és que apostar per l'ètica no resulti racional, sinó que no és l'única opció racional: també ho és perseguir el nostre propi interès.

En relació amb la segona pregunta, l'argumentació per respondre-la fa així: la raó pràctica serveix per avaluar mitjans per assolir els nostres fins. El nostres fins ens els proporciona «quelcom que volem», i no la pròpia raó pràctica.[39] Aquest «quelcom que

[33] *Ibid.*, p. 204.

[34] *Id.*

[35] *Ibid.*, p. 207.

[36] Per acabar-ho d'adobar, Singer introdueix encara més complexitat quan accepta que Thomas Nagel ha aconseguit provar la racionalitat de la prudència, la qual cosa significa que hi ha certs desitjos que sí que és possible avaluar en termes de racionalitat. Cf. Thomas Nagel, *The Possibility of Altruism*. Oxford: Clarendon Press, 1970. En concret, els desitjos curtterministes la satisfacció dels quals, a llarg termini, generarà un patiment que superarà els beneficis obtinguts en el moment present.

[37] Peter Singer, *Practical Ethics* (1a ed.), *op. cit.*, p. 208.

[38] Henry Sidgwick, *The Methods of Ethics* (7a ed.). Londres: Macmillan and Company, Limited, 1907, p. 498.

[39] Peter Singer, *Practical Ethics* (1a ed.), *op. cit.*, p. 207.

volem» són els nostres interessos a llarg termini,[40] que apunten a la voluntat de trobar la felicitat, i la vertadera felicitat la proporciona una existència dotada de sentit.[41] D'això se segueix que és racional dotar de sentit la nostra vida. Com podem fer-ho?

Singer considera que fracassen, a l'hora de dar vertader significat a la seva existència, tant els qui «no tenen compromisos o plans de vida a llarg termini» com també els qui «tenen plans a llarg termini centrats únicament en els seus propis interessos».[42] Si cerquem un propòsit «més ampli que els nostres interessos», que doni a les nostres vides [...] «sentit més enllà dels estrets confins dels nostres estats de consciència, una solució òbvia és adoptar el punt de vista ètic».[43] Així, Singer arriba a la conclusió —temptativa, com ell mateix reconeix—[44] que hi ha raons d'autointerès a favor de viure una vida ètica.

4.4. La primera edició de The Expanding Circle (1981)

L'any 1981 publica *The Expanding Circle*, que presenta com un llibre sobre «la naturalesa de l'ètica».[45] Aquesta investigació de la naturalesa de l'ètica, però, no la du a terme des de la filosofia del llenguatge, com havia fet Hare, sinó a partir de la psicologia evolutiva. És des d'aquestes coordenades des d'on planteja una de les tesis centrals del llibre, és a saber, que l'ètica està composta per dos elements, un de biològic-evolutiu i un de racional.

Pel que fa al primer d'aquests elements, Singer considera que l'ètica «té el seu origen en patrons de comportament evolucionats entre animals socials».[46] És important entendre l'abast d'aquesta afirmació. D'una banda, no ha d'equiparar-se a una reducció biologicista de l'ètica, car l'alta apreciació que Singer té per Hume li impedeix derivar «premisses ètiques de la biologia»,[47] atesa «la incapacitat dels fets de dictar la [nostra] elecció».[48]

[40] Cf. *Ibid.*, p. 208.

[41] Cf. *Ibid.*, p. 217.

[42] *Ibid.*, p. 218.

[43] *Ibid.*, p. 219.

[44] Cf. *Ibid.*, p. 212.

[45] Peter Singer, *The Expanding Circle: Ethics, Evolution, and Moral Progress* (2a ed.). Princeton: Princeton University Press, 2011 [1981], p. xv.

[46] *Ibid.*, p. 29. Es refereix a aquells comportaments que es qualifiquen d'altruistes en què un individu sacrifica el seu benestar en favor del benestar del seu parentiu, dels qui reciproquen amb ell o dels qui integren el seu grup. Cf. *Ibid.*, p. 29.

[47] *Ibid.*, p. 74.

[48] *Ibid.*, p. 76.

D'altra banda, les «explicacions de l'ètica en termes biològics» sí que poden servir per construir *debunking arguments*, que és com s'anomena als arguments que duen a terme «la funció negativa de fer-nos reflexionar sobre les intuïcions morals que prenem per veritats morals autoevidents però que es poden explicar en termes evolutius».[49] Aquesta classe d'arguments impedeixen que aquestes intuïcions se'ns apareguin «com regles morals absolutes, autoevidents o ordenades per la divinitat».[50]

Ara bé, si totes les nostres creences morals es poguessin explicar en termes evolutius, aleshores quedarien igualment desacreditades,[51] i l'ètica no seria més que un conjunt de «judicis subjectius que són immunes a la crítica».[52] I aquí és on entra en escena l'element racional: Singer intentarà esquivar aquesta conclusió subjectivista argumentant que, «de manera compatible amb la teoria biològica i evolutiva, la raó és un factor important en el desenvolupament de l'ètica».[53]

Però no és aquesta mateixa raó un producte de l'evolució? Singer accepta que els primers estadis d'aparició de la raó com a facultat —quan es duen a terme tasques bàsiques, com ara comptar o formular judicis rudimentaris d'aprovació o desaprovació—, es poden explicar exclusivament en termes d'avantatge evolutiu. Ara bé, de la mateixa manera que un cop t'has muntat a una escala mecànica no pots triar on detenir-ne l'avanç, perquè l'escala et du «allà on vol», un cop «muntes» a la raó tampoc no pots «davallar» de la seva «lògica inherent» a voluntat.[54] I es dona el fet que aquesta lògica es va desplegant amb autonomia, més enllà del que té sentit en termes estrictament evolutius.

Així, l'acció d'aquesta raó (que ja ha transcendit l'origen purament evolutiu) va accentuant el caràcter imparcial d'aquelles formes limitades d'altruisme que componen el substrat evolucionat i amb base genètica de l'ètica, en la mesura que reclama justificacions desinteressades, del tipus que tots els membres del grup estiguin en posició d'acceptar.[55] Singer simbolitza aquest procés parlant de la progressiva expansió del cercle de consideració moral. Aquesta expansió culminaria en el «punt de vista totalment imparcial»,[56] que s'assoliria quan s'adoptés el principi utilitarista «de donar el mateix pes als interessos de tots els afectats».[57] Mitjançant aquesta estratègia, arriba a la matei-

[49] *Ibid.*, p. 84.

[50] *Ibid.*, p. 63.

[51] Cf. *Ibid.*, p. 84.

[52] *Ibid.*, p. 85.

[53] *Ibid.*, p. 86.

[54] Cf. *Ibid.*, p. 90. L'analogia amb l'escala mecànica és de Singer.

[55] Cf. *Ibid.*, p. 93.

[56] *Ibid.*, p. 100.

[57] *Ibid.*, p. 101.

xa conclusió que Hare respecte del lligam necessari que existeix entre l'element racional de l'ètica i l'utilitarisme, però no a partir de la lògica dels termes morals, sinó a partir de la psicologia evolutiva.

Singer tanca el llibre examinant de quina manera tot el que ha anat exposant a nivell de societat o de col·lectiu es traslladа sobre l'individu. En termes metaètics, la part d'aquesta qüestió que més ens interessa és la que indaga d'on pot provenir la motivació per emprendre el camí expansiu que la raó ens mostra, optant per una vida ètica.

Una primera qüestió a tenir en compte és que el mecanisme de la selecció natural no ens fa irremeiablement autointeressats, sinó que ens dota de desitjos egoistes però també de desitjos que no ho són (com per exemple, el desig de sacrificar-nos per la nostra descendència o amics). Per tant, sense abandonar el marc de la concepció humiana de la raó pràctica, aquest segon tipus de desitjos poden aportar l'element motivacional necessari per actuar segons el principi d'igual consideració d'interessos.

Però és que, anant una passa més enllà i esmenant parcialment a Hume, Singer considera que la raó és capaç de desenvolupar «la seva pròpia força motivadora»: «preferim actuar segons les conclusions del raonament imparcial» (subratllat nostre), perquè, gràcies a la raó, desenvolupem un «desig d'eliminar les inconsistències en les nostres creences i acció».[58] Per tant, la raó ja no està limitada a ser l'esclava de les passions.[59]

En tercer lloc, de manera semblant a com havia fet a *Practical Ethics*, Singer recorda que fins i tot els desitjos egoistes que mil·lennis d'evolució ens han inculcat no tenen perquè ser incompatibles amb la possibilitat d'optar per una vida compromesa amb la imparcialitat de l'ètica, si tenim en compte que probablement «puguem trobar una realització més profunda i una vida més significativa» si optem per una vida ètica,[60] en comptes d'una vida «totalment centrada en nosaltres mateixos».[61]

4.5. How Are We to Live? (1993)

L'any 1993 veu la llum *How Are We to Live?*, que consisteix en un tractament monogràfic de la qüestió «why be moral?». Aquest llibre recull i elabora algunes de les idees que, com ja hem vist, Singer havia anat avançant sobre aquest assumpte. Una raó per la qual resulta interessant és perquè, per primer cop, hi explicita que el seu interès a dirigir a la gent cap a la vida ètica respon al fet que «una ètica humana i positiva podria ser la base per a la renovació de la nostra vida social, política i ecològica».[62]

[58] *Ibid.*, pp. 143-143.

[59] Cf. *Ibid.*, p. 143.

[60] *Ibid.*, p. 146.

[61] *Ibid.*, p. 145.

[62] Peter Singer, *How Are We to Live? Ethics in an Age of Self-interest.* Oxford: Oxford University Press, 1993, p. 19-20.

Si «en l'avenç de l'ètica rau la possibilitat d'un nou gir, més esperançador, de la història mundial»,[63] és important desenvolupar el millor argument possible per convèncer a la gent de dur una vida ètica. I si partim, com és el cas de Singer, de la concepció humiana de la raó pràctica, segons la qual la raó, per si sola, és incapaç de moure'ns a l'acció si no va acompanyada d'un desig, que és el que té força motivadora, aleshores l'argument que estam cercant ha de ser un argument que tengui el poder de motivar a la gent. Observam, doncs, com la qüestió de la motivació és una de les preocupacions centrals d'aquest primer Singer.

Partint d'aquestes premisses, l'estratègia que desplega en aquesta obra descansa en dues cames: d'una banda, vol provar que la nostra gènesi evolutiva és compatible amb certes tendències i desitjos de caràcter desinteressat, per tal de desactivar l'argument que la naturalesa ens ha fet irremeiablement egoistes. En el desplegament d'aquest argument no fa sinó recollir el que havia dit a *The Expanding Circle*.

D'altra banda, insisteix en el seu intent de reconciliar l'ètica i l'autointerès, presentant la primera com un mitjà apte per a assolir el segon. Es tracta, doncs, de la mateixa estratègia que havia introduït per primer cop a *Practical Ethics*. Des del punt de vista humià és una estratègia prometedora, ja que, en la mesura que tots tenim desitjos autointeressats de preocupar-nos del nostre propi bé, una defensa de l'actuar ètic que descansi en aquests desitjos tan comuns tindrà moltes probabilitats de moure'ns a actuar èticament.

En relació amb aquesta segona cama de l'estratègia, les novetats més originals són dues. En primer lloc, el fet que Singer proposa superar la concepció estreta de l'autointerès predominant aleshores, de marcat caràcter materialista i curtterminista, en pro d'una concepció més àmplia, en el sentit de més *enlightened* i llarg-terminista.[64] La idea és que armats amb aquesta nova concepció de l'autointerès esdevé molt més senzill reconciliar l'ètica i l'autointerès, almanco en el pla de la pràctica vital. En quin sentit?

Per als humans, una vida «que val la pena de ser viscuda [*worth living*]» és una vida amb sentit.[65] Això és quelcom que Singer ja havia establert en obres anteriors. Però una pregunta que ens podíem haver plantejat aleshores, i que fins ara no havia rebut resposta, és la pregunta per la naturalesa d'aquest sentit. És un sentit que ens ve dat, i, en aquesta mesura, podem dir que té un caràcter objectiu? O és un sentit que triem lliurement i que té a veure amb «quelcom intern a nosaltres —la nostra motivació»?[66]

---

[63] *Id.*

[64] Cf. *Ibid.*, p. 20.

[65] *Ibid.*, p. 232. Parlant amb propietat, en l'utilitarisme no és el sentit el que fa una vida *worth living*, sinó el fet que a través d'aquest sentit s'aconsegueixi una major satisfacció de preferències —en el cas de l'hedonisme preferencialista—, o un millor balanç de plaer per sobre de dolor —en el cas de l'utilitarisme hedonista—, del que s'aconseguiria en la seva absència.

[66] *Ibid.*, p. 231.

Una segona novetat original de *How Are We to Live?* és que Singer s'esplaia responent aquesta qüestió. A més, en el caràcter ambigu de la seva resposta hi podem llegir el germen del seu futur gir de cap a l'objectivisme. Així, d'una banda considera que, com que «l'univers en conjunt no té sentit, som lliures de dar el nostre propi sentit a les nostres vides».[67] Ara bé, sense arribar a l'extrem de defensar «l'objectivitat de l'ètica en el sentit tradicional», Singer envesteix «contra l'opinió que el valor depèn completament dels propis desitjos subjectius»:[68]

> Ethical truths are not written in the fabric of the universe: to that extent the subjectivist is correct. If there were no beings with desires or preferences of any kind, nothing would be of value and ethics will lack all content. On the other hand, once there are beings with desires, there are values that are not only the subjective values of each individual being. The possibility of being led, by reasoning, to the point of view of the universe provides as much "objectivity" as there can be. [...] This may not be enough to yield an objectively true ethical position [b]ut it is as close to an objective basis for ethics as there is to find.[69]

S'observa, doncs, com Singer diu mantenir-se en el seu posicionament subjectivista però veu amb simpatia algunes de les pretensions de l'objectivisme.

Sigui com sigui, Singer conclou que la vida que té més probabilitats d'omplir-nos i fer-nos sentir realitzats és la vida ètica, perquè és la causa més gran de totes, la que ens alinea amb *el punt de vista de l'univers*. I, si la vida ètica és la millor vida, la que ens pot proporcionar més benestar, d'això se segueix que hi ha raons autointeressades per apostar-hi.

4.6. Singer and His Critics (1999)

L'any 1999, en el si de la col·lecció *Philosophers and Their Critics*, Dale Jamieson edita *Singer and His Critics*. Es tracta d'una obra col·lectiva en què tot un seguit de filòsofs contemporanis examinen diferents aspectes de l'obra de Singer.[70] Clou el llibre la contesta que Singer mateix dirigeix a aquestes crítiques i observacions. Aquesta resposta il·lumina alguns aspectes metaètics importants del pensament singerià, i mostra com, en el plànol metaètic, ja ha començat la transició del subjectivisme cap a l'objectivisme. Començarem examinant els tres moments en què es fa especialment patent el seu desplaçament cap a l'objectivisme.

[67] *Ibid.*, p. 232.

[68] *Ibid.*, p. 275.

[69] *Id.*

[70] Els autors que hi participen són Frank Jackson, Michael Smith, Robert C. Solomon, Roger Crisp, Richard J. Arneson, Lori Gruen, Colin McGinn, F. M. Kamm, Richard Holton, Rae Langton, R. M. Hare i Holmes Rolston III.

A Singer, pel fet d'inclinar-se envers «la posició ètica desenvolupada per R. M. Hare, segons la qual els judicis ètics pertanyen a la mateixa família que els imperatius», se l'havia considerat no-cognitivista.[71] No obstant això, en aquest llibre Singer deixa enrere aquesta postura, perquè passa a creure que «almanco hi ha un judici ètic important que és vertader, o pot ser conegut»: que «des del "punt de vista de l'univers", el bé d'un individu no té més importància que el de qualsevol altre».[72] En la mesura que sosté aquesta posició, Singer seria, més aviat, cognitivista. I ja es veu que aquesta possibilitat d'afirmar que un judici ètic és vertader apunta a la qüestió ontològica de l'existència de fets morals objectius.

Passem ara a un segon moment en què observem aquest desplaçament. Per a un filòsof tan preocupat per la pràctica com Singer, que, a més, havia vingut considerant la concepció humiana de la raó pràctica com «la posició natural i òbvia sobre les raons per a l'acció»,[73] una de les principals raons que explicaven el seu rebuig a l'objectivisme era que li mancava l'element motivador. Però en aquesta obra, superant a Hume, reconeix que la raó, mitjançant el mecanisme de la dissonància cognitiva, té una certa força motivadora.[74] Si això és així, ja no s'ha de limitar a ser esclava de les passions i «pot fer més incursions en l'ètica», obrint-se així «la possibilitat d'una ètica objectivista».[75]

En tercer lloc, a nivell metodològic, explica que veu amb bons ulls el fundacionalisme de Sidgwick com a possible via per fonamentar l'ètica, alternativa al constructivisme de l'equilibri reflexiu rawlsià. Si bé és cert que ambdues propostes reserven a les intuïcions un lloc destacat, Rawls apel·la a intuïcions morals pròpies de situacions específiques, a les quals Singer atorga manco credibilitat. Per contra, les intuïcions a les quals apel·la Sidgwick són «intuïcions sobre principis fonamentals —com el principi que [...] el bé [*good*] d'un individu no és més important que un bé similar de qualsevol altre»,[76] la plausibilitat de la qual Singer no pot negar.[77]

Alhora, Singer segueix tenint reticències davant certes postures objectivistes i els seus corol·laris. Així, en primer lloc, segueix rebutjant l'existència de valors objectius amb

[71] Peter Singer, «A Response». A D. Jamieson (ed.), *Singer and His Critics*. Oxford: Blackwell, 1999, p. 269. Tanmateix, cal aclarir que Hare mateix no tenia gaire apreciació per aquesta etiqueta, perquè considerava que entossudir-se a parlar de cognitivisme i no-cognitivisme ocultava la qüestió realment important, a saber, la de «si hom pot *pensar* racionalment sobre qüestions morals». *Ibid.*, p. 56.

[72] *Ibid.*, p. 269-270.

[73] *Ibid.*, p. 280.

[74] La dissonància cognitiva «és un sentiment que es basa en la nostra capacitat de raonar», i que «ens hauria motivat a resoldre les incoherències del nostre sistema de creences, evitant-nos actuar sobre la base de creences falses». Cf. *Ibid.*, p. 284.

[75] *Ibid.*, p. 285-286.

[76] *Ibid.*, p. 314-316.

[77] *Ibid.*, p. 269.

arguments que ressonen als de la *queerness* de Mackie.[78] Per exemple, quan defensa que l'utilitarisme és «més concret, i manco misteriós, que moltes de les teories ètiques rivals»,[79] perquè es construeix a partir de «característiques prominents i indiscutibles de les nostres experiències conscients».[80]

En segon lloc, segueix sense admetre que les raons ètiques —entenent que l'ètica es caracteritza per la imparcialitat, i que, per tant, les raons ètiques són les raons imparcials— siguin les úniques raons per a l'acció que és racional seguir. De moment, la idea clau de la concepció singeriana de les raons per a l'acció segueix essent que [...] «hi pot haver més d'un curs d'acció racional [*rational*] al nostre abast».[81] Podem tenir raons per actuar moralment, i també raons per actuar mirant pel propi interès, i ambdós cursos d'acció seran racionals —ja que venen recolzats per raons per a l'acció—, però cap dels dos no serà l'única opció racional disponible, i, per tant, l'alternativa tampoc no serà irracional.

4.7. Ethics and Intuitions (2005)

L'any 2005 Singer publica l'article *Ethics and Intuitions*, que aprofundeix en la línia de la crítica metodològica a l'equilibri reflexiu rawlsià que, com acabem de veure, ja havia esbossat a *Singer and His Critics*. Com que en el mètode de l'equilibri reflexiu les intuïcions morals juguen un paper destacat, aquesta crítica arranca de qüestionar-ne l'estatus, formulant el que es coneix com a *debunking evolutionary arguments*. Vegem-ho amb una mica més de detall.

Els avenços científics apunten que les intuïcions morals —i els judicis morals comuns en què s'expressen— molt sovint poden explicar-se en termes evolutius: aquestes intuïcions solen ser respostes emocionals bàsiques que sorgiren en alguna època de la nostra història evolutiva per tal d'incentivar o evitar comportaments que, en aquell context, eren susceptibles d'incrementar o reduir la nostra capacitat de supervivència. No obstant, per Singer, aquesta gènesi evolutiva no només no els atorga cap autoritat moral rellevant, sinó que, de fet, els resta credibilitat com a sòl sòlid sobre el qual construir una teoria moral o emetre un judici ètic.[82]

[78] És un argument que Singer ja havia emprat. Cf. Peter SINGER, *The Expanding Circle: Ethics, Evolution, and Moral Progress* (2a ed.). Princeton: Princeton University Press, 2011 [1981], p. 107. Per una exposició de l'argument en el seu context original, cf. John Leslie MACKIE, *Ethics: Inventing Right and Wrong*. Penguin Books, 1977, p. 38 i següents.

[79] Peter SINGER, «A Response», *op. cit.*, 291.

[80] *Ibid.*, p. 292.

[81] *Ibid.*, p. 289.

[82] Cf. Peter SINGER, «Ethics and Intuitions». *The Journal of Ethics*, 9 (3-4), 2005, p. 342-349.

Per evitar tirar pedres al seu propi terrat, Singer s'acuita a distingir, d'una banda, les intuïcions morals ordinàries, que són el producte de «respostes immediates basades en emocions» fruit del nostre passat evolutiu, i que sovint racionalitzam *a posteriori*;[83] i, d'altra banda, les intuïcions racionals, concebudes en la línia que apunta Sidgwick en parlar dels seus axiomes ètics, que no tenen el seu origen en la nostra biologia, sinó en la raó.[84]

Singer és conscient que de la fortalesa d'aquesta distinció depèn la possibilitat d'evitar caure, pel pendent llenegadís dels *debunking evolutionary arguments*, en l'escepticisme ètic. És per tal d'evitar aquest desenllaç indesitjable que estableix, com a programa d'acció, l'intent de dur a terme «l'ambiciosa tasca de separar els judicis morals que devem a la nostra història evolutiva i cultural dels qui tenen una base racional».[85] Aquest programa, que aquí sols queda apuntat, és el que desplegarà durant la seva segona etapa, de caràcter objectivista.

4.8. Peter Singer Under Fire: The Moral Iconoclast Faces His Critics (2005)

El 2005 es publica *Peter Singer Under Fire*, una altra obra de l'estil de *Singer and His Critics*.[86] En aquest nou llibre, Singer explica ser ben conscient que dins la seva producció intel·lectual hi conviuen «Singer l'objectivista» i «Singer el no-cognitivista».[87] Les respostes que aquí dona als seus interlocutors poden llegir-se com un intent de posar damunt el paper els avantatges i inconvenients d'aquestes dues vies. D'aquesta manera, Singer pretén fer justícia als plantejaments subjectivistes i no-cognitivistes de Hare —que també són els de la seva pròpia primera etapa—, posar de manifest les causes de la seva pròpia prolongada indecisió, i apuntar quin camí li desperta més simpaties de cara al futur.

Respecte de la qüestió de si cognitivisme o no-cognitivisme, repeteix el que ja havia dit a *Singer and His Critics*: no és una pregunta tan important, perquè allò vertaderament rellevant és si la raó té un paper en l'ètica, i el fet és que pot tenir-lo tant dins el cognitivisme com dins certes versions del no-cognitivisme —com la de Hare.

[83] Cf. *Ibid.*, p. 350.

[84] Cf. *Ibid.*, p. 351. És una idea que ja havia introduït anteriorment. Cf. Peter Singer, «A Response», *op. cit.*, p. 314 i següents.

[85] Peter Singer, «Ethics and Intuitions», *op. cit.*, p. 351.

[86] Els autors que hi fan aportacions són Bernard Williams, R. G. Frey, Don Marquis, Harry J. Gensler, Harriet McBryde Johnson, Stephen Drake, Judith Lichtenberg, Richard J. Arneson, Tyler Cowen, David Fagelson, Michael Huemer, Marcus Düwell, David Schmidtz, Jan Narveson, Beryl Lieff Benderly.

[87] Cf. Jeffrey Alfred Schaler (ed.), *Peter Singer Under Fire: The Moral Iconoclast Faces His Critics*. Open Court, 2009, p. 382. Recordem que uns anys abans —a *Singer and His Critics*— ja havia explicat que, tot i que aleshores se'l considerava no-cognitivista, «hi ha almanco un judici ètic important que és veritat, o que pot conèixer-se». *Ibid.*, p. 269-270.

En un altre ordre de coses, la contribució de M. Huemer denuncia com el subjectivisme aboca al nihilisme, perquè si hom no creu en l'existència de valors objectius no hi ha res valuós que pugui ser universalitzat.[88] Singer respon que, tal com il·lustra la proposta de Hare, això no té perquè ser necessàriament així. Hare evita el nihilisme i és capaç de reconèixer que hi ha coses que importen, perquè el cas és que a cadascú li importa la seva pròpia felicitat —encara que el valor d'aquesta felicitat no sigui el tipus de valor «que de qualque manera està inscrit en l'estructura de l'univers»—, i la lògica universalitzadora dels termes morals ens du a tractar «la felicitat dels tercers com si fos valuosa».[89]

I pel que fa a les raons per a l'acció? Una de les principals novetats d'aquest llibre és que Singer finalment sembla haver entès que l'objectivisme i el subjectivisme parlen de les raons per a l'acció en sentits diferents. Que hagi reparat en aquesta diferència de sentits és important, perquè la confusió en què es trobava instal·lat havia estat una font d'obscuritat important. Quins són aquests dos sentits? Singer observa que a l'objectivisme el preocupa quines raons tenen força normativa, mentre que al subjectivisme el preocupa quines raons tenen força motivadora.[90]

A més, és habitual que aquest subjectivisme accepti la caracterització humiana de la raó pràctica, tal com fa el mateix Singer. En aquest marc, només els desitjos poden influenciar la voluntat i moure'ns a actuar. D'aquesta manera s'explica que el subjectivisme humià concebi les raons per a l'acció més lligades als desitjos que no pas a veritats objectives, «ja que no tothom desitja fer el que és objectivament bo».[91]

En relació amb la pregunta «why be moral?», a l'hora de respondre-la l'objectivista invocarà raons per a l'acció de caire objectiu, i obviarà el fet que aquestes sovint són insuficients per motivar els indecisos. En canvi, el subjectivista, preocupat sobretot per la qüestió de la motivació, apel·larà als desitjos de l'indecís per posar-lo en marxa, però ho tindrà difícil per imprimir una direcció ètica a aquest moviment. L'estratègia més habitual serà la d'invocar l'*enlightened self-interest* que tot individu té, argumentant que la manera d'aconseguir la pròpia felicitat i benestar és per mitjà d'una vida ètica.[92] Ja es veu, doncs, que ambdues postures s'enfronten als seus respectius obstacles a l'hora de respondre perquè cal ser moral.

Pel que hem vist fins ara sembla que Singer és conscient que hi ha diferències òbvies entre l'objectivisme i el subjectivisme, que aquestes diferències expliquen les fortaleses però també les limitacions de cadascuna, i que cap de les dues no sobresurt o s'imposa

[88] *Ibid.*, p. 383.

[89] *Id.*

[90] *Ibid.*, p. 384.

[91] *Id.*

[92] Cf. *Ibid.*, p. 384-385.

de manera clara com la millor opció. Però podria ser que aquesta rivalitat s'acabi de dirimir en la manera com donen compte del principi d'igual consideració d'interessos?

Des de la bancada subjectivista, ja hem explicat com Hare considerava que el principi d'igual consideració d'interessos se seguia, de manera necessària, de la conjunció de l'exigència d'universalitzabilitat que caracteritza a l'ètica i de la recerca del propi interès. També hem vist com el primer Singer ofereix una argumentació similar a la del seu mestre, però suavitza el caràcter necessari de la deducció: hi ha altres teories ètiques que són compatibles amb la universalitat pròpia de l'ètica, i el principi d'igual consideració d'interessos —que es troba al cor de la proposta utilitarista— és «una posició "per defecte", que sorgeix d'aplicar la universalitzabilitat al motiu més obvi de l'acció humana: l'autointerès».[93] És interessant observar com en la justificació subjectivista d'aquest principi s'hi invoca el *motiu més obvi de l'acció humana*. Altra vegada es fa patent la importància que la motivació té per al subjectivisme.

En canvi, com venim de comentar, en el marc objectivista l'accent ja no descansa sobre la qüestió de la motivació, perquè passa a entendre's que les raons per a l'acció poden tenir força normativa sense haver de tenir, també, força motivadora. És per això que el segon Singer contempla explícitament la possibilitat d'entendre el principi d'igual consideració d'interessos «com una veritat autoevident»,[94] que ja no es deriva de la conjunció de la universalitzabilitat i l'autointerès, sinó d'una «concepció substantiva de la raó» d'inspiració sidgwickiana.[95]

Sigui com sigui, Singer admet no tenir clar si aquest camí és transitable: «seguesc dubtant que sigui possible fer una defensa exitosa d'aquest plantejament, però no en descart la possibilitat».[96]

5. Conclusió

Al llarg d'aquestes pàgines hem volgut oferir una reconstrucció crítica de les principals tesis de caràcter metaètic que trobam a l'obra del primer Singer. Es tracta d'una tasca necessària i original, perquè, tot i la popularitat de Singer, els seus plantejaments metaètics no han rebut l'atenció sistemàtica que mereixen. A continuació sintetitzarem les principals conclusions a què hem arribat, i deixarem apuntats els elements que apunten cap al canvi envers l'objectivisme que definirà la seva segona etapa metaètica.

Començàvem aquest article esmentant que les qüestions pràctiques sempre han estat la preocupació central de Singer, perquè el fet és que Singer creu que la possibilitat de

[93] *Ibid.*, p. 421-422.

[94] *Ibid.*, p. 391.

[95] *Ibid.*, p. 424.

[96] *Ibid.*, p. 424.

resoldre els problemes del nostre temps passa per aconseguir que més gent actuï de forma ètica. Així doncs, no té res de sorprenent que, amb el que hem exposat fins ara, haguem constatat que la seva investigació metaètica sempre ha estat travessada per la qüestió «why be moral?».

En relació amb aquesta qüestió, és clau reparar en el fet que, ja l'any 1973, el Singer d'aquell primerenc *The Triviality of the Debate Over "Is-Ought" and the Definition of "Moral"* tenia clar que tant l'objectivisme com el subjectivisme o la tercera via de Hare no eren capaços —tot i que per distintes raons— de donar una resposta definitiva a aquesta qüestió. Aquesta constatació segurament expliqui perquè la metaètica mai no ha estat el principal tema d'interès de Singer. Ara bé, tal com hem vist, tampoc no provoca que es desentengui del tema. En línies generals, aposta per seguir a Hare en l'empresa de provar que una ètica subjectivista i racional és possible, i que consisteix a aplicar, sobre el *factum* que cadascú aspira a la consecució egoista dels propis interessos, l'exigència d'universalitzabilitat que l'ètica porta aparellada. Alhora, combina aquests plantejaments amb la concepció de la raó pràctica de Hume, si bé, com ja hem explicat, el resultat és una concepció de la raó i la racionalitat un tant obscura i confusa.

En tot cas, des d'aquestes premisses hareana i humiana la gran preocupació del primer Singer és la preocupació per la qüestió de la motivació moral: llegeix la pregunta «why be moral?» com la pregunta per les raons capaces de motivar a la gent per tal que actuï de manera ètica. D'aquí la seva insistència a explorar diferents vies per provar la compatibilitat entre l'autointerès —que considera la força motivadora més fiable de què disposem— i l'actuar ètic.

Tanmateix, hem anat veient com, a poc a poc, se li va fent palès que aquest substrat hareà-humià presenta tota una sèrie de febleses, que esdevenen especialment limitants si el que es pretén construir a sobre és una ètica tan exigent com la que Singer, en parallel, va desplegant. Així, de manera lenta però irreversible, Singer comença a fer tota una sèrie d'esmenes als que fins aleshores havien estat els substrats de la seva ètica.

En aquest sentit, un canvi decisiu que porta molta claredat al seu pensament, alhora que explica molt bé part de l'obscuritat que havia patit, és la introducció, a *Peter Singer Under Fire*, de la distinció entre les raons per a l'acció que tenen un caràcter motivador i les raons per a l'acció que tenen un caràcter normatiu. Fins aleshores no havia estat capaç de distingir conceptualment aquestes dues maneres *diferents* de concebre les raons per a l'acció, però en aquest nou marc conceptual passa a considerar que la qüestió de la motivació guarda més relació amb la psicologia, i que d'allò que s'ha d'encarregar, en tant que filòsof moral, és de les raons amb força motivadora.

En aquesta mateixa direcció, tot i que en un altre ordre de coses, també hem vist com aquest primer Singer, de la mà de la psicologia evolutiva i dels *debunking evolutionary arguments*, dirigeix una forta crítica metodològica contra l'equilibri reflexiu ralwsià, i explica veure amb creixent simpatia el fundacionalisme de Sidgwick.

Aquests dos moviments, juntament a la resta de transformacions que hem anat analitzant, aplanen el camí de la transició envers l'objectivisme. No obstant, tal com hem vist, la indecisió es perllonga en el temps, i Singer té dificultats per desenvolupar prou confiança en aquest nou camí com per a aventurar-s'hi. La influència de Derek Parfit i Sidgwick provocaran que finalment faci la passa i inauguri una segona etapa metaètica de caràcter objectivista. Però, com ja hem advertit, l'estudi d'aquesta segona etapa quedarà pendent per una futura ocasió.

Referències bibliogràfiques

Abboud, Amin John, *Peter Singer's ethics: a critical appraisal.* Oxford: Clarendon Press, 1970. New York: Nova Science Publishers. Editat per George L. Mendz.

Baron, Jonathan, «Richard M. Hare». A R. Y. Chappell, D. Meissner i W. MacAskill (ed.), *An Introduction to Utilitarianism.* Disponible: https://www.utilitarianism.net/pdf/Richard_M_Hare_Utilitarianism_net.pdf [Última consulta: 06/03/2025].

Hare, Richard Mervyn, *The Language of Morals.* Oxford: Clarendon Press, 1952 [1961].

Hare, Richard Mervyn, *Freedom and Reason.* Oxford: Clarendon Press, 1963.

Hare, Richard Mervyn, *Moral Thinking: Its Levels, Method, and Point.* Oxford: Oxford University Press, 1981.

Hare, Richard Mervyn, «A Philosophical Autobiography». *Utilitas,* 14 *(3),* 2002, p. 269-305.

Mackie, John Leslie, *Ethics: Inventing Right and Wrong.* Penguin Books, 1977.

Nagel, Thomas, *The Possibility of Altruism.* Oxford: Clarendon Press, 1970.

Parfit, Derek, «Part Six: Normativity». A S. Scheffler (ed.), *On What Matters* (Vol. 2). Oxford: Oxford University Press, 2011, p. 261-620.

Price, Anthony, «Richard Mervyn Hare». A E. N. Zalta i U. Nodelman (ed.), *The Stanford Encyclopedia of Philosophy.* Metaphysics Research Lab: Stanford University, 2023. Disponible: https://plato.stanford.edu/entries/hare/ [Última consulta: 06/03/2025].

Rhys, Southan, «Peter Singer, R. M. Hare, and the Trouble With Logical Consistency». *Essays in Philosophy,* 18 (1), p. 146-171.

Sayre-McCord, Geoffrey, «Moral Realism». A E. N. Zalta i U. Nodelman (ed.), *The Stanford Encyclopedia of Philosophy.* Metaphysics Research Lab: Stanford University, 2021. Disponible: https://plato.stanford.edu/entries/moral-realism/ [Última consulta: 06/03/2025].

Sayre-McCord, Geoffrey, «Metaethics». A E. N. Zalta i U. Nodelman (ed.), *The Stanford Encyclopedia of Philosophy.* Metaphysics Research Lab: Stanford University, 2023. Disponible: https://plato.stanford.edu/archives/spr2023/entries/metaethics/ [Última consulta: 06/03/2025].

Schaler, Jeffrey Alfred (ed.), *Peter Singer Under Fire: The Moral Iconoclast Faces His Critics.* Open Court, 2009.

Sidgwick, Henry, *The Methods of Ethics* (7a ed.). Londres: Macmillan and Company, Limited, 1907.

Singer, Peter, «The Triviality of the Debate over "Is-Ought" and the Definition of "Moral"». *American Philosophical Quarterly,* 10 *(1),* 1973, p. 51-56.

Singer, Peter, *Practical Ethics* (1a ed.). Cambridge: Cambridge University Press, 1979.

Singer, Peter, *The Expanding Circle: Ethics, Evolution, and Moral Progress* (2a ed.). Princeton: Princeton University Press, 2011 [1981].

Singer, Peter, *How Are We to Live? Ethics in an Age of Self-interest.* Oxford: Oxford University Press, 1993.

SINGER, Peter, «A Response». A D. JAMIESON (ed.), *Singer and His Critics*. Oxford: Blackwell, 1999, p. 269-335.

SINGER, Peter, «Ethics and Intuitions». *The Journal of Ethics*, 9 *(3-4)*, 2005, p. 331-352.

SYNOWIEC, Jakub, «Metaethical grounds for changing the understanding of values in Peter Singer's ethics (in the context of his reflection on the value of human life)». *The Journal of Ethics, Kultura i Wartości, (28)*, p. 47-64.

VAN ROOJEN, Mark, «Moral Cognitivism vs. Non-Cognitivism». A E. N. ZALTA i U. NODELMAN (ed.), *The Stanford Encyclopedia of Philosophy*. Metaphysics Research Lab: Stanford University, 2023. Disponible: https://plato.stanford.edu/entries/moral-cognitivism/ [Última consulta: 06/03/2025].

Martí COLOM NICOLAU

NIETZSCHE: EL ÚLTIMO HOMBRE Y EL NUEVO CUERPO

Inmaculada COLLADO SÁNCHEZ

Universitat de València
inmacollado.s5@gmail.com
N.º ORCID: 0009-0005-0890-2847
Article rebut: 05/05/2025
Article aprovat: 17/09/2025
DOI: 10.60940/comprendrev28n1id980000016872

Resumen

El objetivo de este artículo es situar el concepto de cuerpo en el centro del proyecto nietzscheano de la superación del nihilismo pasivo y transición hacia el nihilismo activo. Para ello, analizaremos una figura de gran relevancia en la obra de Friedrich Nietzsche: el último hombre. Se realizará un análisis de dicha figura en distintas de sus obras y se mostrará cómo continúa existiendo actualmente una concepción del ser humano y del mundo que ha conseguido perpetuar el desprecio a la vida y al cuerpo, lo que se ve reflejado en formas de sociedad y políticas que legitiman las muertes. El artículo se sirve de la noción nietzscheana de cuerpo como hilo conductor para el desarrollo de nuevas formas de habitar el mundo y de relación con los otros. Analizar la figura del último hombre en relación al cuerpo nos revelará el camino hacia el superhombre.

Palabras clave: último hombre, genealogía, fuerzas, síntoma, cuerpo, Übermensch.

Nietzsche: The Last man and the new body

Abstract

The aim of this article is to place the concept of the body at the center of Nietzsche's project of overcoming passive nihilism and transitioning toward active nihilism. To this end, we will analyze a highly significant figure in the work of Friedrich Nietzsche: the last man. We will examine this figure across several of his works and show how a certain conception of the human being and the world continues to exist today—one that has managed to perpetuate a disdain for life and the body, reflected in social structures and political systems that legitimize death. The article draws on Nietzsche's notion of the body as a guiding thread for developing new ways of inhabiting the world and relating to others. Analyzing the Last man in relation to the body will reveal the path toward the Overman.

Keywords: last man, genealogy, forces, symptom, body, Übermensch.

1. Introducción

> [...] el hombre es una cuerda tendida entre el animal y el superhombre —una cuerda sobre un abismo. Un peligroso ir más allá, un peligroso en camino, un peligroso mirar atrás, un peligroso escalofrío y un peligroso quedarse quieto. Lo que es grande en el hombre es que es un puente y no una meta: lo que puede ser amado en el hombre es que él es un tránsito y un ocaso. (Nietzsche, 2016, 74)

La cuestión del último hombre se encuentra en diversas de las obras de Friedrich Nietzsche. Esta figura representa la decadencia de la cultura de su tiempo, heredera de la tradición metafísica inaugurada por Platón y perpetuada por la religión y moral cristianas hacia las cuales el filósofo dirige su crítica. El surgimiento de esta idea está estrechamente vinculado al fenómeno del nihilismo como consecuencia de la caída del sistema de valores pasado. En el conjunto de su obra, la constatación de la muerte de Dios aparece, por un lado, como momento de la destrucción de la metafísica, religión y moral de la tradición y, por otro lado, como condición de posibilidad de la transmutación de los valores y la llegada del superhombre. Lo que resulta de ello es una ambivalencia en torno a la idea de hombre, pues éste no constituye tan sólo un desembocar nihilista, sino que es a su vez preludio de una nueva forma de existencia sobrehumana. En esta figura, el filósofo alemán identifica aquellos aspectos de la tradición que hay que destruir para superar el nihilismo, así como prepara el terreno para la humanidad futura.

En este artículo se buscará dar cuenta de la relevancia de esta figura en la obra de Nietzsche enunciada en aforismos pertenecientes a distintas obras. Si bien esta idea aparece ya esbozada en los primeros escritos del filósofo, para su análisis nos serviremos principalmente de la caracterización expuesta en *Así habló Zaratustra*. Es en esta obra donde hallamos a un Nietzsche más profético, que nos ayudará a entender el doble significado del último hombre, además de permitirnos situar al personaje en relación a las grandes tesis de su pensamiento como el eterno retorno y la voluntad de poder.

Tras el mencionado análisis y con el objeto de lograr una continuidad con el proyecto genealógico nietzscheano, se ofrecerá un retrato del último hombre mediante el estudio de un concepto clave para comprender la distinción entre esta figura y su antítesis —el superhombre—, esto es, el concepto de cuerpo. Frente a las enseñanzas de los llamados *despreciadores del cuerpo,* aquellos ascetas que huyen de la vida, Zaratustra propone una inversión de valores: la humanidad debe dejarse orientar por «la gran razón del cuerpo». A través de una genealogía del último hombre llegamos a la noción del cuerpo —porque, como veremos, la genealogía nietzscheana desemboca en una fisiología. Estableceremos una diferencia entre el cuerpo entendido como *Körper* y el cuerpo entendido como *Leib,* distinción a partir de la cual éste último será presentado como potencia y voluntad de transfigurar el mundo.

2. «Dios ha muerto»

> El hombre loco saltó en medio de ellos y los penetró con su mirada. «¿Adónde ha ido Dios?», exclamó, «¡yo os lo diré! ¡Nosotros lo hemos matado, vosotros y yo! ¡Todos nosotros somos sus asesinos!». (Nietzsche, 2014, 802)

Estudiar la figura del último hombre (*letzter Mensch*) supone dirigirnos a aquel sistema de valores en el que Nietzsche sitúa su surgimiento y, para ello, nos referimos al momento de la muerte de Dios y, como consecuencia, al desarrollo de una nueva clase de hombre. En primer lugar, partiremos de que, para Nietzsche, la nuestra es una historia jalonada por el nihilismo (Deleuze 2019, 217). Como señala Gilles Deleuze en *Nietzsche y la filosofía,* «en la palabra nihilismo, *nihil* no significa el no-ser, sino en primer lugar un valor de nada» (Deleuze 2019, 211). Es decir, con el nihilismo la vida adquiere un valor de nada, se toma por irreal, mera apariencia, frente al «mundo verdadero» que, como veremos, cobra distintas formas a lo largo de la historia.

Este primer sentido del nihilismo es el de la ficción de unos valores concebidos como epistemológica y ontológicamente superiores. Como señala Nietzsche en sus *Fragmentos póstumos*, esta clase de nihilismo surge de aquellas fuerzas productivas que no son aún suficientemente fuertes (Nietzsche, 2008, 243). Lo que reconforta al espíritu aquí, lo hace bajo el disfraz de una religión, la moral, lo político, etc. Por ello dirá que, tanto en Sócrates, como en Platón y, más tarde, en el judeocristianismo, asistimos a la creación de un mundo verdadero al cual pertenecen todos aquellos valores concebidos como superiores, más próximos a la Verdad y al Bien. Frente a ese mundo de ideas inmutables, el mundo sensible se sitúa en posición de inferioridad, dado que está en movimiento y es cambiante; y es, por ello, inferior, fuente de engaño y confusión (Nietzsche, 2016, 634). Para Nietzsche, pretender acceder a este mundo por medio de las matemáticas y la geometría es ya nihilista, pues esas disciplinas tienen más que ver con la nada que con la vida (Nietzsche, 2014, 824).

Asimismo, en el cristianismo, Nietzsche ve una suerte de platonismo para el pueblo, manifestación vulgar de la metafísica platónica (Fink, 1969, 199), pues ambas defienden una valoración metafísica que interpreta lo sensible, mundano y terrenal a la luz de un mundo supraterrenal, auténtico y verdadero. Al fin y al cabo, el cristianismo, la moral trasmitida y la filosofía metafísica son «movimientos nihilistas», tendencias vitales que quieren la Nada, aunque durante mucho tiempo han enmascarado la nada como *summum ens,* como Dios (Fink, 1969, 218). Se trata de un momento histórico en el que el individuo interpreta el mundo como un lugar despreciable y crea una forma de entender la vida que le hace ver el mundo como algo imposible de ser querido. Pero aquí no se quiere la nada en sí misma, sino disfrazada de otra cosa: un mundo «verdadero». Se vive por y para otra vida, rezando a una nada disfrazada de Dios. Así, este primer sentido, el del nihilismo pasivo, corresponde a la desvalorización de la vida (Deleuze, 2019, 212). Si, para Nietzsche, el origen del nihilismo tiene que ver con lo constitutivo del ser humano, es precisamente porque el ser humano es voluntad y cuando no encuentra ya nada en el mundo digno de ser querido, su voluntad busca la nada, pues «prefiere la nada a no querer» (Nietzsche, 2016, 560).

Un segundo sentido del nihilismo —que corresponde, probablemente, con la concepción más corriente del término— es descrito por Deleuze ya no como voluntad de nada, sino como reacción (Deleuze, 2019, 212). Para Nietzsche, pasivo es «estar refrenado en el movimiento hacia delante, un acto de resistencia y reacción» (Nietzsche, 2008, 163). Como consecuencia de una voluntad negadora de la vida, se acabará reaccionando contra ese mundo suprasensible presuntamente verdadero, superior, siendo ahora este —y no la vida universal[1]— el que es negado. De modo que no se trata ya de valorar la nada —la de los valores superiores— por encima de la vida, sino de negar a Dios, el Bien, la Verdad y los demás ídolos. En este segundo momento se permanece sólo con la vida, pues ya no hay valores eternos, pero se trata aún de una vida depreciada, que se desliza en un mundo sin valores, desprovisto de sentido y de finalidad (Deleuze, 2019, 213). Es la voluntad de nada la que da lugar al triunfo de las fuerzas pasivas, cuya reacción ante la pérdida de ese sentido supraterrenal es precisamente la constatación del sinsentido. En este paso de un nihilismo a otro se da lo que conocemos como la muerte de Dios.

Cabe señalar aquí la presencia, en el *Así habló Zaratustra*, de dos formas en que se puede entender la muerte de Dios, a saber, como accidente o como asesinato. En el capítulo titulado «Fuera de servicio», Zaratustra conversa con el Papa, quien le explica la causa de la muerte:

[1] Según la clasificación que hace Deleuze en su obra *Nietzsche y la filosofía* de las distintas manifestaciones del nihilismo, con el nihilismo negativo, lo que es negado y subordinado a los valores superiores es la vida universal. Sin embargo, con el nihilismo reactivo —posterior al negativo— lo que triunfa es la vida particular en tanto que es reactiva, es decir, se pone en valor la vida del que se sacrifica: «Hace un momento, se oponía la esencia a la apariencia: se hacía de la vida una apariencia. Ahora, se niega la esencia, pero se conserva la apariencia» (Deleuze, 2019, 213).

> Cuando era joven, este Dios del Oriente era duro y vengativo, y se construyó un infierno para disfrute de sus predilectos. Pero finalmente se hizo viejo y débil y blando y compasivo, más parecido a un abuelo que a un padre, pero parecido sobre todo a una vieja abuela cojitranca. Se sentaba allí, mustio, en el rincón de su estufa, quejándose de sus piernas débiles, cansado del mundo, cansado de querer, y un día se asfixió en su excesiva compasión». (Nietzsche 2016, 234)

Más adelante en su camino, Zaratustra se topa con una voz, la voz del más feo de los hombres, quien revela haber sido el asesino de Dios:

> Pero él —tenía que morir: miraba con ojos que todo lo veían, —veía las profundidades y las honduras del hombre, toda la infamia y fealdad oculta de este. Su compasión no conocía pudor alguno. Se arrastraba hasta los rincones más sucios de mí mismo. Este curioso, súper —indiscreto, supercompasivo tenía que morir. Siempre me miraba: quise vengarme de semejante testigo— o dejar yo mismo de vivir. ¡El Dios que todo lo veía, también al hombre: ¡ese Dios tuvo que morir! El hombre no soporta que viva un testigo semejante. (Nietzsche, 2016, 238)

Esta aparentemente doble interpretación de la muerte de Dios se explica por el triunfo de aquellas fuerzas que han conseguido extender el resentimiento hasta tal punto que se ha vuelto incluso contra aquel que lo hizo posible: Dios. Es la propia voluntad negadora del cristianismo la que nos ha convertido a nosotros en los asesinos de Dios. El hombre, harto de rendir cuentas al testigo eterno, decide asesinarlo y, con ello, comienza el ateísmo. Habiendo cobrado conciencia de la falsedad de aquel mundo presuntamente verdadero, fuente de todo lo que daba valor a la vida, el hombre cae en una etapa de profundo escepticismo. El resentimiento nos hace ateos; tras la caída de los ídolos es mejor quedarse sin Dios —ser un loco— que adorar la Nada.

Así, el hombre nihilista —el León en Zaratustra— que da muerte a Dios ha puesto contra éste las mismas armas que Dios le dio —a saber, el resentimiento y la mala conciencia— y ha conseguido ponerse él mismo en el lugar de aquel. Nietzsche sitúa este acontecimiento en la Modernidad, pues es el momento en el que las fuerzas pasivas son capaces de crear sus propios valores, que serán, en definitiva, los valores que tratará de encarnar el hombre moderno: la adaptación, la evolución, el progreso, la felicidad, el bien de la comunidad, etc. En definitiva, es el hombre hecho Dios —el hombre moral, verídico, social—, pero este hombre superior siente hastío, tedio vital: mejor no tener ningún valor que valores superiores, mejor no tener voluntad, mejor la nada como voluntad que una voluntad de nada. De hecho, como veremos, esta usurpación del trono divino no permite la superación del nihilismo, pues en el fondo, el ateísmo sigue estando motivado por fuerzas no activas.

El discurso científico-técnico aparece ahora como la única instancia capaz de ofrecer una comprensión del mundo, el hombre de ciencia cobra consciencia de su naturaleza creadora y proyecta conscientemente nuevos ideales creados por el hombre. El Positivismo, en su pretensión de depurar de la filosofía todo contenido metafísico, ha eliminado el mundo verdadero en tanto que carente de sentido. Lo que queda de ello es una vida que se torna excesivamente racionalista e ilustrada. Pero, de nuevo, quien quiere la verdad —en este caso, la verdad científica— hace de la vida un error, de este mundo una apariencia. La voluntad de conocimiento no deja de ser nihilista, pues la verdad científica es aún una idea trasmundana, un ideal ascético, una mentira; al fin y al cabo, la Nada.

La muerte de todo ideal podría haber significado el comienzo de una vida no reactiva. Sin embargo, como veremos, con este nuevo nihilismo surge el peligro de un empobrecimiento del ser humano en tanto que no sólo han desaparecido los valores que daban sentido a su existencia, sino que, además, por no creer en nada, es capaz de creer en todo. Es la hora del nihilismo pasivo: la hora del hombre que ha perdido todo idealismo, del hombre que ya no se atreve a nada, que ya no arriesga nada, que ya no cree en nada, en quien la fuerza creadora de valores se ha extinguido. Se trata del hombre que inaugura una nueva barbarie: el hombre más abominable de todos (Deleuze, 2019, 215), el último hombre:

> ¡Ay! Llega el tiempo en que el hombre ya no dará a luz ninguna estrella. ¡Ay! Llega el tiempo del hombre más despreciable, el que ni siquiera puede despreciar se a sí mismo. ¡Mirad! Yo os muestro al *último hombre.* «¿Qué es amor? ¿Qué es creación? ¿Qué es anhelo? ¿Qué es estrella?» —así pregunta el ultimo hombre, y parpadea. Así es que la tierra se ha vuelto pequeña y sobre ella va brincando el último hombre, el que todo lo hace pequeño. (Nietzsche, 2016, 76)

Renunciar a la ficción de los ídolos de la tradición no debe necesariamente significar la caída en la nada absoluta y la prolongación de una vida basada en el resentimiento. Sin embargo, el último de los hombres no ha logrado aún superar el nihilismo, crear sus propios valores. Este último hombre es el representante de una humanidad decadente que, habiendo ensalzado la razón y la unidad, desprecia la vida y la diferencia. Así, hemos abordado el sentido del nihilismo desde las distintas etapas en que se desarrolla en la historia, nos centraremos en el triunfo de las fuerzas pasivas en tanto que constituyen el fundamento del último hombre.

3. El último hombre: el más despreciable de todos los hombres

> El último hombre somos nosotros, todos nosotros, que el domingo creemos en Dios, que hacemos uso de las diversiones masivas, del tiempo libre organizado por otros, para no ser devorados por el horroroso aburri-

> miento de una vida que no quiere nada, que en el fondo quiere la Nada. (Fink, 1969, 93)

En el prólogo de *Así habló Zaratustra,* el sabio maestro Zaratustra señala la tarea que queda a la humanidad tras la constatación de la muerte de Dios, en tanto que ofrece al hombre la oportunidad de fijarse una meta más allá de sí mismo. Sin embargo, a su vez, Zaratustra advierte la proximidad de una época en la que el hombre ya no podrá arrojar por encima de los hombres la flecha de su anhelo (Nietzsche, 2016, 76). Con ello, anuncia la llegada del más despreciable de los hombres, aquel hombre que cree haber inventado la felicidad y, en realidad, lo empequeñece todo.

Como veíamos anteriormente, la muerte de Dios ha supuesto un peligro, a saber, la caída en un nihilismo pasivo como consecuencia de la pérdida de todo idealismo, toda fuerza del hombre para trascenderse a sí mismo. Este hombre que ya no cree en nada, ni quiere nada, ha perdido su potencia creadora (Fink, 1969, 93). Es descrito como el hombre pequeño, que se conforma con pequeños placeres, un sujeto incapaz de generar su propio sistema de valores, pues niega el valor de aquello en lo que creía antes.

Estos últimos hombres, pequeños, demasiado pequeños, en su debilidad, se someten a una esclavitud, resignados e inmersos en el más alienado conformismo, sin rebelarse contra los valores que se les imponen, y ante lo cual no tienen un propio sentido de la vida y se dejan envenenar por aquellos que desprecian la vida. Ya en el discurso del mercado se describe la hora del gran desprecio, hora en que la felicidad, la razón e incluso la virtud se tornan en hastío (Nietzsche, 2016, 74). Pero la expresión más acabada de la forma de nihilismo que Zaratustra pretende combatir la hallamos en el aforismo dedicado a «el adivino». En su camino, Zaratustra se topa con un adivino, quien atisba el cansancio de la humanidad y la falta de propósito:

> Todo trabajo fue en vano, nuestro vino se volvió veneno, un mal de ojo quemó nuestros campos y nuestros corazones. Todos nos secamos; y si el fuego cayera sobre nosotros, nos reduciríamos a polvo, iguales a la ceniza: —sí, hasta al fuego hemos conseguido cansar. [...] En verdad, estamos demasiado cansados incluso para morir; así que continuamos velando y viviendo— ¡en cámaras mortuorias! (Nietzsche, 2016, 153)

Sin embargo, ese hastío, ese cansancio, no anula la voluntad de estos últimos hombres, sino que la orienta hacia el sometimiento de la vida misma. En realidad, lo que hallamos tras la idea del último hombre no es sino la crítica de Nietzsche a la concepción moderna del mundo y del antropocentrismo. Comprendemos esta idea mejor cuando investigamos —a lo largo de *Así habló Zaratustra—* la figura del hombre superior que, si bien en un primer momento puede confundirse con la idea del superhombre (*Übermensch*), veremos que se trata de otra definición de este hombre despreciable.

En la obra de Nietzsche, la crítica al hombre superior aparece para desvirtuar a la cultura propia de lo que Kant reconociera como el hombre de la Ilustración, desvirtuando consigo el pretendido abandono de la minoría de edad y el devenir racional del hombre. Como señala Eric Blondel en su artículo «Nietzsche: la vida como metáfora»:

> La "naturaleza" (cultural) del hombre es establecida como no natural, ya que está basada en la distancia y en la escisión: lenguaje y pensamiento aparecen así como superficies epidérmicas que, como nuestra piel, ocultan y muestran las vicisitudes de nuestros cuerpos. (Blondel, 1997, 151).

El hombre moderno estaba destinado a dominar la naturaleza, hacerse dueño de esta para conquistar su propia libertad —mediante la apropiación de recursos técnicos, conservación de tesoros espirituales, rescate de instituciones como la Iglesia, el Estado, la moral, la religión y el arte—. Esta época era para Nietzsche la expresión de una nueva barbarie camuflada bajo la aspiración al progreso.

Este hombre moderno es aquel que pertenece a la civilización científica y cree encontrar, mediante el saber, el optimismo con respecto a su propia dignidad, como meta final, como progreso. Pero como ya señaló Adorno en *Dialéctica de la Ilustración*, Nietzsche supo captar la dialéctica de la Ilustración formulando su ambivalente relación con el dominio. Por una parte, la Ilustración tuvo como tarea mostrar la conducta de príncipes y gobernantes como mentira intencionada —el proyecto, en definitiva, de desmitificar— y, a su vez, fue un instrumento de los grandes artistas del gobierno (Adorno y Horkheimer, 1998, 95-96).

> [...] él vio en ella [la Ilustración] tanto el movimiento universal del espíritu soberano, del que él mismo se sentía realizador consumado, como el poder nihilista, hostil a la vida, en sus descendientes prefascistas ha quedado sólo este segundo momento, pervertido en ideología. Esta se convierte en ciega exaltación de la vida ciega, a la que se entrega la praxis también ciega que oprime todo lo viviente. (Adorno y Horkheimer, 1998, 96).

La Ilustración aparece como el proyecto capaz de eliminar las cadenas de la represión y lograr la superación del oscurantismo del Antiguo Régimen. Sin embargo, el método genealógico nietzscheano apunta al engaño tras esa pretensión de iluminar con la luz de la Razón, pues esa manera de pensar está siendo guiada por una determinada valoración y ésta depende de una tipología de hombre. Partiendo de la multiplicidad y no de la exclusividad de modos de pensamiento, el progreso también podría ser entendido como una regresión, y el hombre de la época de las Luces como una expresión extrema del nihilismo. El problema que Nietzsche ve en el pensamiento ilustrado es que, bajo el presunto del hombre libre sigue habiendo una filosofía de rebaño. El protestantismo no hizo sino perpetuar esa vieja forma de pensar.

Así es como, de hecho, lo interpreta Nietzsche, quien considera que los hombres modernos se encuentran en una profunda decadencia. El motivo reside en que la voluntad del hombre se dirige contra sí mismo. Los actos morales son actos en los que el hombre atenta contra sí mismo, de forma que la actitud moral primordial reside en el autodesprecio y la mortificación. El hombre moderno se ha corrompido hasta el punto de concebir como «buenos sentimientos» —remordimiento, culpabilidad, compasión— aquellos que mayor dolor conllevan.

> Hay predicadores de la muerte: y la tierra está llena de aquellos a quienes hay que predicar la renuncia a la vida. La tierra está llena de superfluos, la vida está corrompida por los demasiados. ¡Ojalá que, con la «vida eterna», se los lleven de esta vida! [...] Ahí están los seres espantosos, que llevan dentro de sí al animal de rapiña y que no tienen más elección que entre los placeres y la autolaceración. Y hasta sus placeres son autolaceración. (Nietzsche 2016, 95)

En *La filosofía de Nietzsche,* Eugen Fink describe al hombre superior como el representante del residuo de Dios, los idealistas a los que se les ha hundido el cielo ideal y ahora experimentan el vacío. Son los hombres del gran anhelo, el gran asco, los nihilistas (Fink, 1969, 92). La muerte de Dios nos ofreció un momento de juego, pero el último de los hombres se ha cansado de jugar, pues ya no hay nada que merezca la pena querer o algo con lo que comprometerse. De ahí que, cuando la voluntad no pueda orientarse a algo, prefiera querer la nada a no querer. El último hombre es entonces el ser más duradero y el más despreciable, aquél que se contenta con el mero pragmatismo, cientifismo y la tecnocracia. Como expresa Cristina Micieli en su obra *El hombre alienado, el último hombre y la caída:* «En la época moderna se da el triunfo de la racionalidad abstracta, desvinculada del fondo caótico, pasional y misterioso de la vida, donde el intelecto se concibe como facultad autónoma, libre de la pujanza de los instintos, pura, objetiva y desinteresada» (Micieli, 2009, 133). Ha sustituido a Dios por su comodidad, pues ya no es capaz de despreciarse a sí mismo y cree que ha inventado la felicidad, la fortuna y la dicha. Un hombre cuya vida sin Dios carece de sentido y que representa la ruina de la civilización. Así, lejos de ser una conquista civilizatoria, Nietzsche denuncia esta situación como síntoma de una cultura de la decadencia.

Ahora bien, si seguimos investigando acerca de esta noción del último hombre en la obra de Nietzsche, pronto descubrimos un aspecto clave para entender su significado en el pensamiento del filósofo. Y es que, si bien nos hemos centrado en las referencias a dicha noción que aparecen en *Así habló Zaratustra,* podemos hallar otra formulación de la idea en una obra anterior: *Aurora.* Cabe destacar que, en dicha obra, la figura ofrece una doble interpretación en tanto que no sólo aparece como un desembocar nihilista, sino que también es definida como presencia provisional (Visbal, 2002, 254), una suerte de puente hacia una clase de humanidad ulterior. Es el hombre subterráneo que se sumerge en las tinieblas para iluminarse luego y labrar su auténtico destino.

> Suponiendo que se tengan ojos para dicha labor de honduras, se verá cómo va avanzando con lentitud y sensatez, suave pero inflexible, sin que le traicione en demasía el agobio que consigo trae toda carencia duradera de luz y de aire; se podría decir que se halla satisfecho con su labor oscura. ¿No será que le guía alguna creencia, que algún consuelo le compensa? ¿Quizá desee disfrutar él también de una oscuridad duradera, de lo incomprensible, oculto y enigmático, porque sabe lo que luego vendrá y será para él: la mañana, la redención, la *aurora*? (Nietzsche, 2014, 483)

Ese hombre subterráneo, el nihilista, es capaz de ahogarse en las profundidades del abismo, en la negación absoluta de la vida, como movido por una suerte de fe en un mañana en el que habrá devenido hombre. Pero este último hombre supone una transición y, como tal, habrá de morir para poder dar nacimiento al nuevo hombre. Lo que subyace a esta comprensión del hombre es la concepción nietzscheana del mundo como el trágico juego cósmico de destrucción y construcción. En la época en que Nietzsche escribe *Aurora,* su concepción del hombre no parte de la creencia en hechos eternos o verdades absolutas, sino que es más bien concebido como resultado de procesos históricos en movimiento. También cabe señalar que esta obra se ubica en un período de la obra de Nietzsche muy marcado por una concepción de la ciencia entendida como crítica y desenmascaramiento. Esto le llevará a considerar al hombre no tanto como un ser divino, sino como producto de una evolución animal (Visbal, 2002, 243). Pero este carácter científico no conduce a la aceptación del determinismo; el hombre escapa de este, pues es, ante todo, voluntad de poder.

> *Una sensación de fondo nueva: la de nuestra inapelable transitoriedad.* Antaño el hombre intentaba lograr la sensación de grandeza apuntando a su ascendencia divina: hoy ese camino le está vedado, pues a la puerta, junto a otros bichos espantosos, se halla el mono a quien le rechinan los dientes, como diciendo inteligentemente: «¡no sigas por ahí!». (Nietzsche, 2014, 515)

El hombre moderno ha conseguido negar el carácter creador del ser humano, pero si algo diferencia al hombre del animal es la indeterminación de la vida humana: el hombre es un animal todavía no fijado (Micieli, 2009, 97). Y esto puede conducirnos a la contradicción de sostener que el hombre, como el animal, desdibuja su singularidad en la especie; y, sin embargo, puede a su vez tener un origen propio, pues posee una capacidad casi ilimitada de cambiar.

No es únicamente en *Aurora* donde encontramos esta contradicción en torno a la figura del último hombre. También en la primera parte de *Así habló Zaratustra* se presenta la imagen bifronte que el maestro tiene de aquel, pues si bien supone al comienzo un peligro para el futuro de la humanidad, también significa el punto de partida desde el cual puede emerger el superhombre. Cabe señalar que estas dos caras del último hombre no pueden entenderse simplemente como extremos opuestos, dado que el superhombre no es concebido como una realidad, sino como esperanza. Pero una esperanza cuya situación es la realidad del último hombre. Después de la muerte de Dios, a la humanidad solo le quedan dos alternativas: el superhombre y el último hombre, plenitud y decadencia del hombre (Vallejos, 2023, 311). La llegada del último hombre anuncia que es el momento de crear al superhombre.

> Amo a aquel de espíritu libre y de corazón libre: así es como su cabeza es solo la entraña de su corazón, pero su corazón lo conduce al ocaso. Amo a todos lo que son gotas pesadas cayendo una a una desde la nube oscura que flota sobre los hombres: anuncian que viene el rayo y, como anunciadoras, perecen. (Nietzsche, 2016, 75)

Así pues, los hombres que Nietzsche presenta como puente hacia el superhombre son los despreciadores, los que se ofrendan a la tierra, los conocedores, los trabajadores e inventores, los que castigan a su Dios, los espíritus libres. Estos son soberbios y astutos, son anticristianos. La meta aquí será crear una especie capaz de elevar sus sueños más allá del hombre mismo: «La grandeza del hombre está en ser un puente y no una meta; lo que en el hombre se puede amar es que es un *tránsito* y un *ocaso*» (Nietzsche, 2016, 74). En este retrato del hombre que nos ofrece Nietzsche, el conocimiento de la voluntad de poder exige al mismo tiempo el conocimiento de la muerte de Dios, pues si no se conoce la muerte de Dios las autosuperaciones del hombre se dirigen al más allá. Si falta la meta, entonces aparece el nihilismo: desprecio del cuerpo, vencimiento de lo terreno, ascetismo. La transmutación del idealismo mediante la idea del superhombre significa la curación de la desgarradura que divide al hombre y lo escinde, es antiplatonismo (Fink, 1969, 199). Para lograr una victoria sobre el presente, hay que superar los valores en los que aún cree el último hombre:

> Que no hay verdad; que no hay constitución absoluta de las cosas, que no hay «cosa en sí» — esto mismo es un nihilismo, y el más extremo. Coloca el valor de las cosas precisamente en que a ese valor no le corresponde ni le correspondió ninguna realidad, sino que es sólo un síntoma de fuerza por parte de quien instituye el valor, una simplificación con el fin de la vida. (Nietzsche, 2008, 242)

No podemos interpretar estas dos figuras —el último hombre y el superhombre— como imágenes existenciales, sino más bien como las distintas posibilidades que nos ofrece nuestro tiempo. El superhombre no es un individuo, sino un estado en el que las fuerzas activas afirmativas de la vida dominan sobre aquellas que la niegan. Esta figura representa el signo del acrecentado poder del espíritu, que necesita de otras metas le hagan ganar poder y prosperar (Nietzsche, 2008, 242). El superhombre es una constelación pulsional que permanentemente debe ser recreada, pues en todo momento se halla amenazada en su lucha contra las fuerzas reactivas que buscan su triunfo (Micieli, 2009, 132). También el último hombre es una idea compleja y no debemos dejarnos guiar por la interpretación optimista de este como preludio de lo sobrehumano, dado que podría ser que esta figura nos lanzara al abismo y a la muerte de toda voluntad de poder creadora de manera definitiva. Pero el peligro aquí estaría en la conformación a los valores nihilistas, el lamento tras la muerte de Dios y el desprecio hacia la vida. Para superar este estado, es necesario introducir elementos nuevos: la alegría, el amor, el juego. Sólo así es posible que la voluntad de Nada sea reemplazada por una voluntad creadora.

El último hombre es el síntoma que debemos descifrar para hallar el sentido y los valores que representa. Este no es sólo el representante del nihilismo pasivo; sino que asimismo tendrá la función de anunciar lo sobrehumano. Así pues, se trata de dos figuras que, aún de forma contradictoria, son complementarias:

> Los de vuestra especie han de perecer más y más, pues cada vez ha de seros peor y más duro. Solo así —solo así crece el hombre hacia esa altura en que el rayo lo alcanza y lo destroza: ¡lo suficientemente alto para el rayo! (Nietzsche, 2016, 252)

Si lo que se busca en este estudio es, al fin y al cabo, un análisis que indague en el origen axiológico —a modo de genealogía— desde donde surge el tipo de hombre al que nos referimos, conviene que atendamos en el transcurso de este ensayo a uno de los conceptos que nos parecen centrales en la determinación de aquello que separa al último hombre del superhombre: el cuerpo.

4. El cuerpo cósico: *Der Körper*

El retrato del último hombre que llevaremos a cabo a continuación para hallar, finalmente, el elemento que resultará central en este ensayo —a saber, el cuerpo— se justifica en la idea de una ciencia activa que, según Gilles Deleuze, se presenta en Nietzsche como sintomatología, tipología y genealogía (Deleuze, 2019, 10). En primer lugar, se trata de una ciencia que interpreta los fenómenos como síntomas cuyo sentido se encuentra en una determinada clase de fuerza. En segundo lugar, interpreta dichas fuerzas desde el punto de vista de su cualidad, esto es, fuerzas activas o pasivas. Y finalmente, esta ciencia activa valora el origen de las fuerzas desde el punto de vista de su nobleza o bajeza en referencia a la voluntad de poder.

Este retrato pretende imitar el proceder de la genealogía nietzscheana, que no es sino una suerte de historia genética de los conceptos. Como señala Blodel en *Nietzsche, el cuerpo y la cultura*: «el objeto de la filosofía es la genealogía, es decir, la tentativa por manifestar el juego del cuerpo en el texto de la cultura» (Blondel, 1986, 331). Para Nietzsche, si lo que se pretende es indagar en el origen de los conceptos para hallar el motivo de la superioridad de unos valores sobre otros, hemos de buscar en las realidades más básicas, pues «detrás de los pensamientos y sentimientos, está el cuerpo (*Leib*)» (Nietzsche, 2010, 166). Por ello, su genealogía llega hasta el nivel orgánico del cuerpo y de sus fuerzas vitales. Habrá de partir, pues, de la animalidad y corporalidad humanas, del hombre físico, corporal. Como aclara Jesús Conill: «Ha de entenderse su nueva concepción de la filología, consistente en el arte de leer bien, a diferencia del arte de leer correctamente, que cuenta ya con el perspectivismo que se origina en el cuerpo» (Conill, 2009, 18). Así, esta particular hermenéutica filológica se abre a la fisiología, pues el propósito de Nietzsche es la salud radical frente a las tendencias enfermizas que debilitan.

Así pues, en el análisis de este último hombre, el primer síntoma con el que nos encontramos resulta característico de una voluntad negadora de la vida. En el capítulo dedicado a los predicadores de la muerte en *Así habló Zaratustra,* describe Nietzsche algunos de los síntomas de esa clase de hombre que entiende la vida como fuente de sufrimiento y busca el sentido más allá de ésta:

> Todos vosotros, que amáis el trabajo salvaje y lo rápido, nuevo, desconocido, —os soportáis mal a vosotros mismos, vuestra diligencia es huida y voluntad de olvidarse a sí mismo. Si creyerais más en la vida, os arrojaríais menos al instante. ¡Pero no tenéis suficiente capacidad en vosotros para la espera —y ni siquiera para la pereza! Por todas partes suena la voz de aquellos que predican la muerte, y la tierra está llena de aquellos a quienes ha de ser predicada la muerte. (Nietzsche, 2016, 96)

Los predicadores de la muerte son aquellos que consideran deseable alejarse de la vida, pues consideran que esta está llena de sufrimiento y creen en una supuesta vida eterna, por la cual, aún puede tener algún sentido vivir. Si bien Nietzsche no deja claro a quiénes se refiere, podemos deducir que está hablando de aquellos ascetas que huyen del mundo, los «transmundanos», que están cansados y son débiles. Para estos pensadores, los sentidos, la sensibilidad, son una fuente de engaño que no nos permite acceder a aquello que *es,* es decir, el ser. Para la metafísica occidental, el *ser verdadero* se ubica en el mundo trascendental de las ideas y no en el de las apariencias, en el mundo sensible. Por ello, estos pensadores de la tradición han considerado necesario deshacerse del engaño de los sentidos, del devenir, de la historia. Sin embargo, lo que Nietzsche objeta a este tipo de pensamiento es que «los signos distintivos que se le han dado al "ser verdadero" de las cosas son los signos distintivos del no-ser, de la nada, se ha construido el "mundo verdadero" a partir de la contradicción con el mundo real: un mundo aparente de hecho, en cuanto no es más que una ilusión óptico-moral» (Nietzsche, 2016, 634).

Como vemos, Nietzsche muestra cómo la actitud de quien desprecia esta vida por el anhelo de ese más allá ideal no es sino aquel que se encuentra ya cansado de vivir, aquel cuyo cuerpo está enfermo. Asimismo, ya en *El crepúsculo de los ídolos* podemos ver de nuevo esa conexión entre el rechazo de esta vida y una voluntad decadente, esto es, la mencionada relación entre el síntoma y la tipología de hombre, esta vez a propósito de los grandes sabios:

> Yo reconocí a Sócrates y a Platón como síntomas de decaimiento, como instrumentos de la disolución griega, como pseudogriegos, como antigriegos. Ese *consensus sapientium* —esto lo he entendido cada vez mejor— lo que menos prueba es que tuvieran razón en aquello en que coincidían: dicho consenso prueba más bien que ellos mismos, esos muy sabios, coincidían fisiológicamente en alguna cosa, para adoptar —para tener que adoptar la misma actitud negativa ante la vida. (Nietzsche, 2016, 626)

Más adelante, Nietzsche explica cómo esos juicios de valor sobre la vida no pueden ser verdaderos o falsos, sino que en realidad son síntoma de un tipo de voluntad decadente: «No solo el desorden y la anarquía admitidos en los instintos indican decadencia en Sócrates: de igual modo también la indican la superfetación de lo lógico y esa *malignidad de raquítico* que lo caracterizan» (Nietzsche, 2016, 627). Así las interpretaciones del mundo son más bien síntoma del cuerpo de aquel que las interpreta: un cuerpo enfermo o feo interpretará la vida como fuente de sufrimiento; un cuerpo sano y fuerte, interpretará la vida como algo bello. Era sabido entre los griegos que a Sócrates lo caracterizaba su fealdad.

> Quiero decir una palabra a los despreciadores del cuerpo. Su desprecio es lo que constituye su aprecio. [...] Yo os digo: vuestro sí mismo quiere morir y da la espalda a la vida. Ya no puede hacer lo que más quiere: —crear por encima de sí mismo. Esto es lo que más quiere, este es su entero afán. Pero ya era demasiado tarde para él: — así quiere morir vuestro sí mismo, despreciadores del cuerpo. (Nietzsche, 2016, 89)

Estos despreciadores del cuerpo, amantes de la nada, impotentes, tan solo buscaban una meta, un sentido, y lo situaron más allá de sí mismos. En el capítulo de *Así habló Zaratustra* que lleva por título «De los trasmundanos» describe esta vinculación entre el desprecio al cuerpo y la creación de un trasmundo por el cual merecía la pena llevar una vida ascética:

> Enfermos y moribundos fueron los que despreciaron el cuerpo y la tierra e inventaron lo celestial y las gotas de sangre redentoras: ¡pero incluso esos venenos dulces y tenebrosos los tomaron del cuerpo y de la tierra! Querían desterrar su sufrimiento y las estrellas les quedaban demasiado lejos. Entonces suspiraron: «¡Oh, ojalá hubiese caminos celestiales por los que avanzar sigilosamente hasta otro ser y otra dicha!» —¡entonces inventaron sus caminos sigilosos y sus brebajes sangrientos! Entonces creyeron estar separados de su cuerpo y de esta tierra, esos ingratos. ¿Pero a quién debían el espasmo y el placer de su éxtasis? A su cuerpo y a esta tierra. (Nietzsche, 2016, 87)

Como vimos anteriormente con la *Dialéctica de la Ilustración* —y de acuerdo con lo que ya Nietzsche pudo anticipar algunas décadas antes a la publicación de esta obra—, pese a la toma de distancia frente a la religión y sus dogmas en el plano político y científico, la Modernidad no logró desarraigarse de la moral cristiana en el plano de la existencia individual. Para Nietzsche, el hombre moderno igualmente se ha conformado con pertenecer al rebaño, pues carece de un pensamiento fuerte y propio, y se limita a reproducir los prejuicios que provienen de la moral y la religión. Este pensamiento de rebaño controla todas las esferas de la existencia que el filósofo señalaba en *Así habló Zaratustra*: el trabajo sin descanso (Nietzsche, 2016, 96), que esconde una lógica ascética del sacrificio; la avidez de novedades como huida del presente; el rechazo de la pereza, entendida como pecado capital; el olvido de uno mismo para evitar las tentaciones del cuerpo; etc. Todo ello no es sino síntomas que esconden una voluntad que valora esa presunta vida en el más allá como superior a esta vida terrenal pecaminosa.

Así, parece que la voluntad que se ha impuesto en todas las formas culturales de Occidente es esa *voluntad de nada* que manifiesta una aversión a esta vida. Este olvido del cuerpo, como resultado del calado de la moral cristiana y la metafísica occidental, ha conseguido perpetuarse hasta derivar en la clase de humano decadente más contemporáneo a Nietzsche, a saber, el último hombre. Ahora bien, la tesis que aquí se plantea radica en que, la figura del último hombre, que nuestro filósofo equipara con el hombre moderno, puede servirnos para realizar un retrato de nuestra contemporaneidad en base a la actualización de aquellas fuerzas pasivas que continúan ejerciendo una posición de superioridad frente a otras perspectivas vitales.

Para demostrar dicha tesis, insistiremos en el mencionado síntoma del olvido del cuerpo, fenómeno que se perpetúa en la actualidad bajo la forma de la alienación y que es a menudo causa de la homogeneización o exclusión de las diferencias sociales. Esta lectura nos permite establecer una conexión entre la expansión mundial del capitalismo y la imposición de un nihilismo pasivo, que destruye toda posibilidad de sentido[2]. El último hombre, el ateo, ese hombre decadente e incapaz de construir sus propios valores, es ahora la burguesía y el proletariado mundial de esta sociedad para los que ya no hay nada digno de ser respetado ni venerado. A esta clase de humanidad le ha tocado vivir bajo un sistema económico capitalista que homogeneiza y neutraliza las diferencias culturales, somete a patrones estandarizados la diversidad social y reduce las relaciones de poder a ser función del capital (Visbal, 2002, 239).

[2] Conviene mencionar aquí la obra de Francis Fukuyama, *El fin de la historia y el último hombre,* con el objetivo de distinguir la concepción nietzscheana del último hombre de otras formulaciones con las que probablemente Nietzsche no estuviera de acuerdo. En dicha obra Fukuyama afirma que el fin de la historia —la superación de las contradicciones— se da con la llegada de la democracia liberal a mediados del siglo xx , pues es este régimen el que logra satisfacer de una vez por todas los dos elementos que funcionan como motor del proceso de evolución histórico, a saber, la ciencia moderna y el deseo de reconocimiento (Fukuyama, 1992: 388). El hombre que surge de este estadio final será el encargado de mantener los valores democráticos y extenderlos a través de una cultura universal capitalista, en tanto que esta es la más próxima al progreso científico y asimismo satisface el anhelo de reconocimiento. Sin embargo, frente a la visión extremadamente optimista de Fukuyama, Nietzsche —quien mantiene una postura suspicaz ante la presunta orientación de la historia hacia un progreso— considera que el último hombre ha de saltar al abismo y, solo entonces, dará lugar a un nuevo hombre capaz de desplegar su capacidad creativa hacia el futuro.

Este último hombre es el representante de una humanidad decadente que, habiendo ensalzado la razón y la unidad, ha despreciado la vida y la diferencia. Tras la Segunda Guerra Mundial, la denuncia que haría el filósofo de Frankfurt, Theodor W. Adorno, a una racionalidad que tiene como principio la identidad —identidad que esta racionalidad supone entre el concepto y el objeto— reside en que esta ha propiciado la eliminación de las diferencias constitutivas de la realidad con la finalidad de construir una identidad de todo con todo. Lo ocurrido en Auschwitz destruyó finalmente la posible compatibilidad entre la metafísica y la experiencia vivida. Leemos en su *Dialéctica Negativa*:

> El genocidio es la integración absoluta, que cuece en todas partes donde los hombres son homogeneizados, pulidos —como se decía en el ejército— hasta ser borrados literalmente del mapa como anomalías del concepto de su nulidad total y absoluta. Auschwitz confirma la teoría filosófica que equipara la pura identidad con la muerte. (Adorno, 1975, 362).

Algunas décadas después del Holocausto, Michel Foucault arrojaría luz ante lo sucedido a través de su análisis sobre el poder. El filósofo francés introdujo el término «bio-política» para referirse al gobierno de los vivos, entendiendo aquí por «vida» aquella que opera a través de discursos, programas, decisiones, acciones. «La biopolítica no tiene que ver únicamente con normalizar la vida de las personas, sino también con decidir el tipo de vida que pueden o no vivir. Se trata de una cuestión crucial para comprender el funcionamiento de las economías centrales de las sociedades contemporáneas, que consiste en un mecanismo que sume a la población en una lógica de hacer vivir y dejar morir» (Foucault 2001, 218). En el curso impartido en el Collège de France que llevaba por título *Defender la sociedad* ponía de manifiesto los efectos que arrastraría dicho cambio de poder:

> Más acá de ese gran poder absoluto, dramático, sombrío, que era el poder de la soberanía, y que consistía en poder hacer morir, he aquí que, con la tecnología del biopoder, la tecnología del poder sobre la población como tal, sobre el hombre como ser viviente, aparece ahora un poder continuo, sabio, que es el poder de *hacer vivir.* La soberanía hacía morir y dejaba vivir. Y resulta que ahora aparece un poder que yo llamaría de *regularización* y que consiste, al contrario, en hacer vivir y dejar morir (Foucault, 2001, 223).

Así, el biopoder no sólo tiene que ver con la vida, también con la muerte. El «hacer vivir» supone elecciones implícitas o explícitas sobre quién debe vivir qué tipo de vida y por cuánto tiempo. En el año 2003, el pensador africano Achielle Mbembé, en su obra *Necropolítica,* partiendo de las ideas de Foucault emplearía este término para referirse a la administración de la muerte como mecanismo político poscolonial que destruye las vidas en el sur global. Mbembé describe este poder como última forma de soberanía, la capacidad de decidir quién puede vivir y quién debe morir (Mbembé,

2011, 19). La necropolítica es una forma agresiva y extrema de violencia que conduce a la muerte de los ciudadanos en países donde, en lugar de guerras convencionales, hay guerras de baja intensidad, con una proliferación de grupos armados que pueden estar o no asociados con el Estado. Estos grupos propagan formas extremas de violencia, matan a personas con armas y no reciben castigo de los sistemas judiciales de sus países.

Este escenario nos hace percatarnos del renovado dominio de la razón sobre el cuerpo, pues el biopoder controla la capacidad de acción del sujeto, determina lo que puede vivir y lo que debe morir. El poder crea la ilusión del despliegue desbordante de la subjetividad, de un cuerpo que traspasa fronteras y se interconecta a escala global, pero que, por otra parte, deja morir o abandona aquellos cuerpos no productivos. En la versión más actual del capitalismo, el cuerpo es capturado por el mercado y vuelto objeto y mercancía (Reinoso, 2013, 11).

Así pues, la forma en que en la actualidad es tratada la diferencia parece heredera de esa metafísica occidental que es objeto de la crítica de Nietzsche y, asimismo, es fruto de una determinada concepción del cuerpo como elemento siempre al servicio de la razón y reducido a objeto. Tampoco confiaría en el esquema de la conexión entre racionalidad y realidad mediado por el concepto y sostenido por pensadores como Kant y Hegel, pues se necesita, más bien, de una realidad sensible y presente con la que la razón pueda coincidir para satisfacer la pretensión material de racionalidad. Y esta realidad es el cuerpo.

Cabe ahora realizar una distinción terminológica que nos servirá para introducir la que será la última parte de este ensayo, en la que presentaremos la trasmutación del valor del cuerpo, que resulta clave para la consolidación de la figura del superhombre. En el idioma alemán se ha señalado una diferencia entre cuerpo cósico, que responde al término *Körper*, esto es, la cosa, la realidad material o física; y, por otra parte, el cuerpo vivencial, con el término *Leib,* que comprende las sensaciones, percepciones, movimiento y se haría cargo de la conexión del cuerpo con el mundo cultural. La filósofa francesa Barbara Stiegler apunta a la intención nietzscheana de reivindicar, partiendo del cuerpo, un punto de vista opuesto al escogido por la filosofía moderna desde Descartes: «mientras que Descartes partió del alma, él partirá del cuerpo —del cuerpo que crece y se conserva, del organismo vivo de los naturalistas (*Leib*) y no del cuerpo calculable e inerte de los físicos (*Körper*)» (Stiegler, 2003, 129).

El cuerpo entendido como *Körper* tiene capacidades puramente naturales que brotan de la dotación genética y puede estar sujeto a manipulación. En cambio, el cuerpo entendido como *Leib* queda fuera de este planteamiento. Éste es el cuerpo vivido, esencialmente distinto del cuerpo cósico, pues estamos hablando de la corporalidad como vivencia, experiencia, y no como un cadáver que es susceptible de tratarse como mecanismo u objeto.

A continuación, estudiaremos la relación existente en la obra de Nietzsche entre la idea del superhombre y la recuperación de un valor otorgado al cuerpo que guarda relación con la mencionada noción del cuerpo vivido. Asimismo, exploraremos de qué forma puede esa transformación del valor del cuerpo, ahora ya no decadente y débil, sino fuerte y activo, ayudarnos a restaurar el sentido de la tierra (Nietzsche, 2016, 73), el sentido del mundo en que vivimos.

5. La gran razón del cuerpo: *Der Leib*

> El cuerpo es una gran razón, una pluralidad con un único sentido, una guerra y una paz, un rebaño y un pastor. (Nietzsche, 2016, 89)

En el mencionado capítulo «De los trasmundanos», Nietzsche escribe:

> El yo aprende a hablar con honestidad cada vez mayor: y mientras más aprende, más palabras y honores encuentra para el cuerpo y la tierra. Mi yo me enseñó un nuevo orgullo que yo le enseño a los hombres: ¡no esconder más la cabeza en la arena de las cosas celestiales, sino llevarla con libertad, una cabeza terrena, que cree un sentido para la tierra! Yo enseño a los hombres una nueva voluntad: ¡querer este camino que el hombre ha recorrido a ciegas y llamarlo bueno y no querer salirse más de él como hacen los enfermos y los moribundos! (Nietzsche, 2016, 87)

En este párrafo el filósofo identifica el cuerpo con el yo más leal, esto es, aquel que se encuentra de manera original en el hombre y que, a su vez, es capaz de otorgar un sentido a la tierra. Cuando afirma «cuerpo soy íntegramente, y ninguna otra cosa; y alma es sólo una palabra para designar algo en el cuerpo» (Nietzsche, 2016, 88), parece estar definiendo al cuerpo como una totalidad. El error ha consistido en interpretar el alma como substancia independiente. De modo que, no es el alma la que pretende huir de la tierra, sino el cuerpo cansado, famélico, que no es capaz de soportar la vida y que coloca su más alta virtud en un alma capaz de despreciarlo, y escapar del sufrimiento que implica la vida, por considerarla sólo como un tránsito hacia un más allá, supuestamente más pleno. Un cuerpo no enfermo, sano, no buscaría escapar del mundo, pues el sinsentido y el sufrimiento pueden ser asimilados por las fuerzas creadoras del cuerpo.

Nietzsche quiere romper con el cuerpo moralizado, objeto pecaminoso y amordazado, elemento que lastra espíritu e intelecto. Es el cuerpo cristiano el que debe ser disimulado, negado, quieto, limpio. La concepción del cuerpo que ha sostenido la civilización occidental supone en realidad un obstáculo para el camino hacia el acto liberador, situándose lejos de lo mundano y terrestre. Por ello, es necesario recuperar el valor perdido del cuerpo. En su obra *Nietzsche*, Martin Heidegger señala que, a diferencia del nihilismo clásico, que ha aniquilado toda meta situada fuera o encima del ente, la transvaloración de los valores permite al hombre erigir por medio y por encima de sí mismo (Heidegger, 2013, 469) los nuevos estandartes bajo los cuales tiene que llevarse a cabo la institución de un nuevo orden del ente y, puesto que lo suprasensible, el más allá y el cielo han sido aniquilados, solo queda la tierra (Heidegger, 2013, 468).

En esta revalorización del cuerpo se concreta el proyecto antiplatónico y antimetafísico nietzscheano, que sospecha del rencor que puede implicar su subvaloración. De ahí que Zaratustra siempre está atacando todo deseo de lo trasmundano, de lo sobreterrenal o ultraterrenal, y cuestionando a aquellos que cifran su esperanza más allá de la tierra. Tener esperanzas más allá de lo existente en un mundo ideal, en un trasmundo allende, y creer que en ese mundo verdadero está la felicidad, sería el síntoma de un cuerpo enfermo. Nietzsche encuentra en el cuerpo una potencia creadora en relación con la vida, una fuente de vitalidad (Cifuentes, 2000, 189). El cuerpo sano es una afirmación de la vida.

Si indagamos con mayor profundidad en el sentido que el filósofo prusiano concede al cuerpo, encontramos que define al mismo, en *Así habló Zaratustra,* como campo de batalla, lugar de disputa donde se crea el sentido de la tierra. En distintas partes de la obra, el maestro Zaratustra habla de la «pequeña razón» y de la «gran razón». Para la primera, anclada a la concepción cristiana del cuerpo, este no es sino un instrumento, puesto al servicio del alma y la razón. Mientras que, con la «gran razón» se refiere al cuerpo, que define como una multiplicidad con un sentido.

El filósofo y profesor Volker Gerhardt, en un ensayo titulado «La gran razón del cuerpo», advierte sobre la posible interpretación errónea de la idea de razón como la razón, elemento vinculado al intelecto y separado de lo sensible. Más bien, con ella se da a entender que la pluralidad de los cuerpos también representa un pluralismo de la razón (Gerhardt, 2002, 38). Según la afirmación de Zaratustra, la razón crea unidad allí donde hay pluralidad, es decir, le da a la pluralidad un sentido. Aquí no ha de entenderse el sentido como perteneciente a lo supraterrenal, sino como dirección, orientación del cuerpo (Gerhardt, 2002, 40). A diferencia del cuerpo como *Körper*, como materia estática y pasiva, Nietzsche describe el cuerpo como realidad en movimiento, activa como los afectos y pasiones. Sin una orientación el cuerpo no sería posible, pues no tendría nada hacia lo que dirigirse: no buscaría su reproducción, alimentación, salud, supervivencia, etc. Así, el cuerpo se presenta como una unidad que se produce a sí misma.

Ahora vemos cómo la expresión «la gran razón del cuerpo» tiene el potencial de revertir el sinsentido que se abría con la muerte de Dios. El cuerpo, aunque siempre determinado por unas condiciones naturales e históricas, posee su propio ritmo y actividad. Posee una ley propia y autónoma que, en realidad, sólo es posible dentro de unas condiciones mundanas determinadas por el entorno y que, asimismo, son condición indispensable para su sentido. Por ello dirá Nietzsche que el sentido del cuerpo está condicionado por la tierra, entendiendo que con ésta última se referirá a las mencionadas condiciones que lo hacen posible. La gran razón del cuerpo se corresponde con un sentido que es en igual medida corporal y comunitario.

Algunos filósofos como Eugen Fink han apuntado a una inversión del esquema antropológico de la tradición en la filosofía de Nietzsche (Fink, 1969, 108), a partir de la cual el cuerpo adquiere un estatuto superior frente a la mente, que no es sino aquel elemento del cuerpo que la tradición a menudo ha identificado con la idea de sujeto. Aquí ya no hablamos del cuerpo como materia, ese *Körper* o cuerpo cósico, sino como porción de existencia que integra pasado y porvenir, pues no se trata de algo estático. A partir de la idea del cuerpo vivido (*Leib*) podemos esbozar un pensamiento capaz de recuperar la compatibilidad con la experiencia y esto se debe a que, como señala Stiegler:

> Sólo la carne viva (*Leib*) es afectada, tocada e invadida por todo lo que se cruza en su camino. Y es precisamente por tomar al otro en consideración, porque lo interioriza, que crece desde el interior, se extiende como un diverso y se articula como un organismo complejo y múltiple. (Stiegler, 2003, 136)

Este planteamiento ha sido objeto de discusión para la fenomenología, que considera al cuerpo como poseedor de un entendimiento previo a la palabra; su saber es previo a todo pensamiento simbólico. De ahí que, empleando la terminología cartesiana como crítica, Nietzsche defina el cuerpo (*Leib*) como el fenómeno más rico, más claro y aprehensible (Nietzsche, 2008, 161). El cuerpo, antes que la palabra, ya tiene en sí mismo una certeza de los sucesos del mundo. El mundo se llena de sentido en virtud de una actividad perceptiva que rige el propio cuerpo. En el año 1945 el filósofo francés Merleau-Ponty elaboraba una filosofía del cuerpo y de la carne capaz de reconocer lo que son el mundo, las cosas y los otros antes de toda reflexión; una filosofía en la que el mundo y la existencia se comprendan a partir de su propia facticidad (Merleau-Ponty, 1993, 7). Autor de la *Fenomenología de la percepción,* este filósofo se refiere al cuerpo como cuerpo vivo (*Leib*), esto es, no ya como producto o descubrimiento de la conciencia, sino como la *vida* del cuerpo. Es la materialidad sensible que satisface necesidades, se desplaza, siente, sueña, padece. Vivimos corporalmente en el mundo de nuestra experiencia sensible, corporal.

> El propio cuerpo está en el mundo como el corazón en el organismo: mantiene continuamente en vida el espectáculo visible, lo anima y lo alimenta interiormente, forma con él un sistema. Desde el punto de vista de mi cuerpo, nunca veo iguales las seis caras de un cubo, aunque fuese de cristal, y no obstante, el vocablo «cubo» tiene un sentido, el mismo cubo, el cubo de verdad, más allá de sus apariencias sensibles, tiene sus seis lados iguales. (Merleau-Ponty, 1993, 219).

Así, el cuerpo posee un estatuto ontológico aquí radicalmente distinto del que la tradición le concedía. Es por nuestro cuerpo que estamos vinculados esencialmente a las cosas, a los demás, al mundo (Reinoso, 2013, 15). Se trata del medio de comunicación entre nosotros y el mundo (Riobello, 2008, 203). En este sentido, nuestro cuerpo dota de significación a las cosas con base en una intencionalidad encarnada. Su noción de cuerpo puede entenderse como la carne del mundo. Para el filósofo francés, no es posible pensar, explicar, relatar nada sin referencia al mundo. Ser cuerpo es encontrarse siendo mundo, en un estado previo al de sujeto y objeto, como un entretejido de percepciones, deseos, inclinaciones, intuiciones, simpatías y rechazos. El cuerpo es siempre algo distinto de lo que es y, en este sentido, es esa pluralidad a la que apuntaba Nietzsche (Nietzsche, 2016, 89).

Siguiendo el planteamiento de Merleau-Ponty, la conciencia corporal es la manera de subvertir la destrucción creativa que opera sobre el sujeto porque corporalizar el mundo es generar sentido, situarse localmente y asumir una perspectiva desde la cual abrirse a la universalidad (Reinoso, 2013, 16). El cuerpo, visto desde esta perspectiva, aporta posibilidades políticas para la articulación de resistencias frente a un poder hegemónico que deja morir a los cuerpos y busca controlar poblaciones. Se trata de crear políticas de vida que defiendan las diversas formas de vida de los sujetos. Conceder al cuerpo ese estatuto perdido se acerca a la experiencia de reapropiarse del mundo (Reinoso, 2013, 16).

Retomando la cuestión de los últimos hombres en nuestro retrato contemporáneo, cabe señalar que la tarea de la recuperación del valor olvidado del cuerpo debe llevarla a cabo otra clase de humanidad guiada por aquellas fuerzas activas y creadoras capaces de construir un mundo basado en sus propios valores. Es el *Übermensch* quien se relaciona con su cuerpo como cuerpo-potencia, pues es voluntad de poder. Este, y no el último hombre, es el individuo capaz de soportar la existencia sin necesidad de trascendencia, sin necesidad de huir hacia un trasmundo. Dado que conoce la muerte de Dios, ve en el más allá solo un reflejo utópico de la tierra (Nietzsche, 2016, 74). Devuelve a la tierra lo que ella había prestado y lo que se le había robado, renuncia a todos los sueños ultramundanos y se vuelve a la tierra con la misma pasión que antes dedicaba al mundo de los sueños. Al reinstalarse la existencia humana en la tierra, al basar su libertad en ella, la existencia humana adquiere una estabilidad última. Donde antes se hallaba Dios para el hombre prisionero de su autoalienación se encuentra, ahora, la tierra. Ahora lo más terrible es pecar contra la tierra (Fink, 1969, 95).

Pero el gran anhelo nietzscheano, esto es, el advenimiento del superhombre, requiere de la desaparición de los últimos hombres. Su superación implicaría haber superado asimismo la metafísica de la tradición y la interpretación moral del ser. La muerte de Dios pone de manifiesto el carácter de aventura y de juego de la existencia humana. La creatividad del hombre es juego. La transformación del hombre en superhombre no es un salto en el que repentinamente apareciese, por encima del *homo sapiens,* una nueva raza de seres vivos. Esta transformación es una metamorfosis de la libertad finita, su rescate de la autoalienación, y la libre aparición de su carácter de juego. Pero aquí el juego no es el juego dionisíaco del fondo primordial, ese juego de edificar y destruir el mundo fenoménico, sino el juego de la estimación axiológica del hombre, proyección lúdica de mundos de valores.

6. Conclusión

En esta investigación se ha ofrecido una suerte de retrato del concepto nietzscheano del último hombre. La aparición de esta figura en la obra de Nietzsche nos advierte de las consecuencias que entraña la muerte de Dios y la transformación del nihilismo pasivo en una vertiente aún más pasiva y estéril. Sin embargo, veíamos que, para comprender en qué consistía esta figura aparentemente antitética del superhombre, era necesario abordar su carácter ambivalente: por una parte, es presentada como un desembocar nihilista y, por otra, como el anuncio del superhombre.

Para comprender la razón de esta ambivalencia, en primer lugar, se ha presentado la mencionada sentencia nietzscheana «Dios ha muerto» como proposición sintética que debería haber supuesto la transformación del futuro de la humanidad. No obstante, lejos de significar la consolidación definitiva del proyecto nietzscheano de la transvaloración, la caída de los ídolos supuso el comienzo de un período de profundo pesimismo y un nihilismo infértil. El protagonista de este momento histórico, el último hombre, representa para Nietzsche la humanidad más despreciable, aquella que, no siendo capaz de crear sus propios valores ni venerar ya ningún ídolo, desprecia la vida por entero.

Tras la descripción de la figura central de este ensayo, hemos señalado la necesidad de realizar una suerte de trabajo genealógico que nos permita hallar el elemento capaz de revertir la trayectoria del hombre tras la muerte de lo trasmundano. Así, a partir de la lectura e interpretación de las obras de nuestro filósofo, resultaba crucial introducir la noción de cuerpo como elemento central en tanto que separa al último hombre del superhombre. Estos últimos hombres, despreciadores del cuerpo y predicadores de la muerte, incapaces de apreciar la gran razón del cuerpo y el sentido de la tierra, no nos resultan lejanos, sino que constituyen el vivo retrato de nuestro presente.

La historia genética de los conceptos en que consiste la genealogía nietzscheana nos ha llevado no sólo a la noción de cuerpo, sino asimismo al establecimiento de una distinción entre dos conceptos que resultan clave si de lo que se trata es de recuperar al superhombre. Esta distinción era la del cuerpo cósico (*Körper*) y el cuerpo vivido (*Leib*). Presentábamos a continuación la biopolítica como una de las consecuencias de la concepción del cuerpo como materia, como cosa, elemento sobre el que se ejerce un poder. Por otra parte, entender el cuerpo de forma distinta, a saber, como *Leib*, vivencia, experiencia, aparecía como la tarea del superhombre. Esta nueva forma de relación con el cuerpo es, a su vez, una nueva forma de vivir que permite devolver a la tierra su sentido. Con Merleau-Ponty veíamos el potencial político de este nuevo estatuto ontológico otorgado al cuerpo. Si ser cuerpo es ser mundo, es necesario transformar su sentido para poder habitar el mundo de otras maneras.

Así, es a través de la idea del último hombre como Nietzsche hace explícita su crítica de la concepción moderna del mundo. Sirviéndose de dicha figura, presenta una ruptura definitiva con respecto a las estructuras del pensar metafísico de Occidente. En la medida en que esta crisis sigue siendo actual, a pesar de las circunstancias diferentes en las que hoy se desenvuelve, en nuestra opinión, la cuestión del último hombre continúa abierta en tanto que expresa el sistema de valores dominantes en la cultura occidental. Sólo la transformación radical de estos valores y la revalorización del cuerpo nos puede mostrar una salida respecto del nihilismo. Llevar a cabo ese proyecto requerirá que precisemos y profundicemos en las posibilidades transformadoras de la noción de *Leib.*

Referencias bibliográficas

Adorno, Theodor, *Dialéctica negativa.* Madrid: Taurus, 1975.

Adorno, Theodor y Horkheimer, Max. *Dialéctica de la Ilustración.* Madrid: Trota, 1998.

Alonso, Pablo, *Francis Fukuyama y el fin de la historia.* Barcelona: Da Vinci, 2010.

Blondel, Eric, *Nietzsche, le corps et la culture.* Paris: P.U.F., 1986.

–«Nietzsche: Life as Metaphor». *The New Nietzsche* [New York], 156-8, 1977, pp.151-170.

Cifuentes, Luis, «Cuerpo y Filosofía en el *Zaratustra* de Nietzsche». *Universitas philosophica* [Bogotá], 34-35, 2000, pp.179-207.

Conill, Jesús, «Hermenéutica genealógica desde el cuerpo». *Estudios Nietzsche* [Málaga], 9, 2009, pp. 15-23.

De la Torre, Alfredo, «El cuerpo como centro de gravedad: una aproximación a la concepción nietzscheana». *Universitas philosophica* [Bogotá], 34-35, 2000, pp.159-178.

Deleuze, Gilles y Guattari, Felix. *Posdata sobre las sociedades de control.* Montevideo: Nordan, 1991.

Deleuze, Gilles, *Nietzsche y la filosofía.* Barcelona: Anagrama, 2019.

Fink, Eugen, *La filosofía de Nietzsche.* Madrid: Alianza, 1969.

Foucault, Michel, *Estrategias de poder.* Barcelona: Paidós, 1999.

–*Defender la sociedad.* Buenos Aires: FCE, 2001.

–*Nacimiento de la biopolítica.* Madrid: Akal, 2009.

–*Vigilar y castigar: nacimiento de la prisión.* Madrid: Siglo xxi, 2014.

Fukuyama, Francis, *El fin de la historia y el último hombre.* Barcelona: Planeta, 1992

Gamboa, Leonardo, «El cuerpo y el Otro en Merleau-Ponty y Lévinas». Aurora [Barranquilla], 30, 2018, pp. 379-396.

Gerhardt, Volker, «La gran razón del cuerpo. Un ensayo sobre el Zaratustra de Nietzsche». *Enrahonar* [Barcelona], 2, 2002, pp. 31-43.

Heidegger, Martin, *Nietzsche.* Barcelona: Ariel, 2013.

Lemm, Vanessa, *Homo natura. Nietzsche, Philosophical antropology and biopolitics.* Edinburgh: Edinburgh University Press, 2020.

Lesmes, Daniel, *Aburrimiento y capitalismo.* Valencia: Pre-textos, 2018.

Levinas, Emmanuel, *El tiempo y el otro.* Barcelona: Paidós, 1993.

Mbembé, Achille, *Necropolítica.* Barcelona: Melusina, 2011.

Merleau-Ponty, Maurice, *Fenomenología de la percepción.* Barcelona: Planeta-Agostini, 1993.

Micieli, Cristina, *El hombre alienado, el último hombre y la caída.* Buenos Aires: Biblos, 2009.

Nietzsche, Friedrich, *Fragmentos póstumos. Volumen III (1882-1885).* Madrid: Tecnos, 2010.

–*Fragmentos póstumos. Volumen IV (1885-1889.)* Madrid: Tecnos, 2010.

–*Obras completas. Volumen I. Escritos de juventud.* Madrid: Tecnos, 2011.

–*Obras completas. Volumen III. Escritos de madurez I.* Madrid: Tecnos, 2014.

–*Obras completas. Volumen IV. Escritos de madurez II.* Complementos a la edición. Tecnos, 2016.

Reinoso, Pedro, «Deleuze y Merleau-Ponty: Sujeto, cuerpo y saber; entre el capitalismo y la esquizofrenia». *Observaciones filosóficas* [Madrid], 15, 2013, pp. 1-18.

Riobello, Asier, «Merleau-Ponty: percepción, corporalidad y mundo». *Eikasía* [Oviedo], 20, 2008, pp. 198-220.

Rosa, Hartmut, *Alienación y aceleración. Hacia una teoría crítica de la temporalidad en la modernidad.* Madrid: Katz, 2016.

Stiegler, Barbara, «¿Qué cambia poner el cuerpo en el lugar del alma? Nietzsche entre Descartes, Kant y la biología». *Eidos* [Barranquilla], 1, 2003, pp.128-141.

Vallejos, Miguel, «La condición humana en Nietzsche. Una reflexión a partir de *Zaratustra*». *Tópicos* [Ciudad de México], 65, 2023, pp. 305-34.

Visbal, Marta, «Una relectura actual de Nietzsche». Universitas philosophica [Bogotá], 38, 2002, pp. 233-260.

Weber, Max, *La ética protestante y el espíritu del capitalismo.* Madrid: Akal, 2013.

Inmaculada COLLADO SÁNCHEZ

¿PENSAMIENTO MONÁSTICO EN EL SIGLO XXI? EL CASO DE ERIK VARDEN

Armando PEGO PUIGBÓ

Universitat Ramon Llull
Research Group on Smart Society
Facultat de Filosofia La Salle
armandojesus.pego@salle.url.edu
N.º ORCID: 0000-0003-1097-2244

Article rebut: 20/06/2025
Article aprovat: 05/02/2026
DOI: 10.60940/comprendrev28n1id980000016873

Resumen

En la historia de la espiritualidad cristiana ocupan un lugar sobresaliente, sobre todo a lo largo de la Edad Media, los escritos monásticos agrupados en los más diversos géneros: comentarios, sermones, prólogos, ensayos, incluso traducciones, pero también relatos, cartas, apotegmas, etc. Desde mediados del siglo XX ha vuelto a resaltarse el esfuerzo literario por parte de algunos monjes. En el caso de los trapenses pueden citarse dos casos tan disímiles y distantes como el del santo Hermano Rafael o el norteamericano Thomas Merton. En este artículo se propone un acercamiento a la producción de Dom Erik Varden, también monje trapense y obispo de Trondheim, para analizar no solo los rasgos de su estilo sino especialmente su experimentación del pensamiento monástico mediante la revitalización de sus modalidades tradicionales de comunicación.

Palabras claves: literatura espiritual, pensamiento monástico, géneros literarios, discurso y oración, Erik Varden.

Monastic Thinking in the 21st Century? The case of Erik Varden

Abstract

In the history of Christian spirituality, monastic writings hold a prominent place, especially throughout the Middle Ages, grouped into the most diverse genres: commentaries, sermons, prologues, tracts, even translations, but also stories, letters, apothegms, etc. Since the mid-20th century, the literary effort by some monks has been highlighted again. In the case of the Trappists, two cases as dissimilar and distant as that of the saint Brother Rafael or the North American Thomas Merton can be cited. This article proposes an approach to the production of Dom Erik Varden, also a Trappist monk and bishop of Trondheim, to observe not only the analysis of his stylistic features but also his experimentation of the monastic thinking through the revitalization of their traditional modes of literary communication.

Key Words: spiritual literature, monastic thinking, literary genres, discourse and prayer, Erik Varden.

1. Los escritos monásticos, formantes de una tradición espiritual

Una de las cuestiones relevantes de la filosofía desde los presocráticos es la relación entre pensamiento y poesía. No se trata simplemente de un asunto que deba encajarse como un apartado de la estética en tanto que disciplina filosófica, ni que pueda englobarse sin más con la etiqueta de las relaciones entre filosofía y literatura. No consiste tampoco en matizar hasta qué punto el filósofo-rey incluye también, entre sus atributos, el del poeta, ni en qué medida un poeta, siendo tal, es filósofo. La tensión dialéctica entre la poesía y la filosofía es constitutiva de la tarea del pensar.[1] Uno de sus elementos no menores tiene que ver con las modalidades que adoptan sus discursos, las cuales no son meras convenciones genéricas sino auténticos cauces de experimentación de la realidad. El *diálogo*, la *quaestio*, el ensayo o el tratado no son meros instrumentos de una reflexión, potencialmente intercambiables, sino causa formal de su indagación acerca de la verdad de las cosas estudiadas. Como ha dicho George Steiner:

> ¿Por qué un distinguido texto filosófico va a ser más accesible que la alta matemática o uno de los últimos cuartetos de Beethoven? Es inherente a un texto así un proceso de creación, una «poesía» que a un tiempo revela y se resiste. El gran pensamiento filosófico o metafísico engendra y a la vez trata de ocultar las «supremas ficciones» dentro de sí mismo. [...] Donde se funden la filosofía y la literatura, donde pleitean la una con la otra en forma o en materia, pueden oírse estos ecos del origen.[2]

[1] Para María Zambrano, «no se encuentra al hombre entero en la filosofía; no se encuentra la totalidad de lo humano en la poesía», ya que «sea o no así, el "todo" del poeta es bien diferente, pues no es el "todo" como horizonte ni como principio; sino en todo caso un "todo" *a posteriori* que solo lo será cuando ya cada cosa haya llegado a su plenitud» (María ZAMBRANO, *Poesía y filosofía.* Madrid: Fondo de Cultura Económica, 1993, pp. 13 y 24).

[2] George STEINER, *La poesía del pensamiento.* Madrid: Siruela, 2012, pp.16-17.

En este sentido, la condición «literaria» de no pocos de los productos de la inteligencia humana construyen formantes que la historia va sedimentando en una tradición. La literatura espiritual ocupa un lugar especial, no por ello menos olvidado, en esa trayectoria. Dentro de ella, muestran un perfil propio los escritos monásticos, en cuanto que, por la propia naturaleza de sus diversos tipos, muestran una libertad basada en el juego de la innovación y la sedimentación, incluso tal como lo entiende Paul Ricoeur en el caso de los relatos: «la innovación sigue siendo una conducta regida por reglas; el trabajo de la imaginación no nace de la nada. Se relaciona, de uno u otro modo, con los paradigmas de la tradición».[3] De este modo, frente a la escolástica, Jean Leclercq definía la singularidad del pensamiento monacal por su condición gramatical y escatológica, aunque se centrase, al analizar ese formante de la tradición, casi en exclusiva en la época medieval:

> Aparecen dentro del monaquismo diversas corrientes, diversos medios —benedictino y cisterciense, para citar solamente los de mayor importancia—, como hay diversas escuelas dentro de la escolástica —la de Laón difiere de la de Chartres— y diferentes periodos; pero el caso es que esos dos elementos, cuya dosificación ha cambiado poco, son las constantes que aseguran la continuidad, la homogeneidad, de la cultura monástica. Son, de una parte, el carácter «literario» de los escritos monásticos, y su orientación mística de otra; enseñanza escrita, más que hablada, pero bien escrita, de acuerdo con el arte literario, con la *grammatica*, que tiende a la unión con el Señor aquí abajo, en la bienaventuranza más tarde; está marcada por un deseo intenso, una continua tensión escatológica.[4]

Aun así, esa línea ha pervivido de una y otra manera hasta el siglo xx. Ejemplos de ello pueden encontrarse, entre otros muchos, tanto en el formato autobiográfico de notas íntimas y diarios como *Meditaciones de "un trapense"* (1936) *Mi cuaderno* (1937) o *Dios y mi alma* (1938), de san Rafael Arnáiz, como en el de las memorias de Thomas Merton *La montaña de los siete círculos* (1948).[5] Tanto el Hermano Rafael (1911-1938) como Merton (1915-1968) fueron monjes trapenses, cuyos escritos formaron parte de una literatura que contribuyó también a configurar en distintos niveles una espiritualidad cristalizada finalmente en el Concilio Vaticano II. Ni propiamente teológicos, ni filosóficos, ni ficcionales, sus textos no sólo comunican una experiencia, sino que la articulan en el horizonte intelectual de un modo de vida muy concreto: la vida mona-

[3] Ricoeur, Paul, *Tiempo y narración I. Configuración del tiempo en el relato histórico.* Madrid: Siglo XXI. 2004[5], p. 138.

[4] Leclercq, Jean, *El amor a las letras y el deseo de Dios.* Salamanca: Sígueme, 2009, p. 22.

[5] En el caso del Hermano Rafael los estudios sobre sus obras se han centrado más en las vicisitudes de sus ediciones y en la espiritualidad que deja traslucir su biografía, más que en el análisis propiamente literario, en un sentido amplio y no restringido a su *estilo* (Cfr. Cerro Chaves, Francisco, *Silencio en los labios, cantares en el corazón. Vida y espiritualidad del Hermano Rafael.* Madrid: BAC, 2000, y Martínez Camino, Juan Antonio, *Mi Rafael. San Rafael Arnáiz, según el P. Teófilo Sandoval, su confesor, intérprete y editor.* Bilbao: Desclée de Brouwer, 2009[2]).

cal. De los clásicos de la espiritualidad española del siglo XVI en el Hermano Rafael, como santa Teresa de Jesús y san Juan de la Cruz, a los Padres del Desierto o el peregrino ruso, a los que se suman los maestros de religiones orientales, en las antologías y en los estudios de Merton, sus escrituras han mantenido vigentes una forma de experimentar también la historia de la que son miembros.

En las próximas páginas se llevará a cabo una aproximación a la pervivencia de esta tradición monástica a través de la obra de Erik Varden (1974), monje también trapense, antiguo abad del monasterio de Mount Saint Bernard (Reino Unido) y actualmente obispo-prelado de Trondheim (Noruega). Como intentaremos repasar, en ella puede observarse la renovación de los rasgos genéricos de la literatura espiritual monástica dentro del contexto moral y espiritual contemporáneo, en medio de una etapa de crisis que parece haber anunciado el final de la denominada posmodernidad.[6] Esta tarea se lleva a cabo desde una fidelidad esencial a los presupuestos de un pensamiento propiamente monástico.[7]

Nuestro propósito consiste en ofrecer una lectura de conjunto de los cuatro volúmenes que Varden ha publicado en los últimos años, los tres últimos casi de manera sucesiva en el último trienio: *La explosión de la soledad* (2018), *Sobre la conversión* (2022), *Castidad* (2023) y *Heridas que sanan* (2024).[8] En todos ellos emerge un núcleo esencial que ha ido configurando su pensamiento y que se remonta a su tesis doctoral sobre el principio de servidumbre en el cardenal francés del siglo XVII Pierre de Bérulle: «Bérulle's emphasis on the "néant" of man was not introduced to belittle man's dignity but to remind him of the terms on which that dignity depends, as the only solid base on which the human condition can be truly understood and appropriated».[9] Creación y caída, pecado y redención o pasión y resurrección se convierten en parejas indisociables en unos ensayos que intentan sintetizar y divulgar la enseñanza cristiana a través

6 Para Armando Pego Puigbó el que denomina «humanismo *monástico*» del siglo XVI no consistía en un retorno al pasado medieval, sino en un modo de contribuir a los debates espirituales desde un *evangelismo* católico que trascendiese las aporías escolásticas, basándose al mismo tiempo en las nuevas posibilidades expresivas de la época: «La conciencia de pertenecer a una larga tradición de obras y de géneros introducía estos autores en el debate renacentista sobre los modos de articular las clases de experiencia y de conocimiento con las clases literarias que estaban a su alcance y que podían transformar» (PEGO PUIGBÓ, Armando, *El Renacimiento espiritual. Introducción literaria a los tratados de oración españoles. (1520-1566)*. Madrid: CSIC, 2004, p. 135).

7 Muy recientemente Luis Javier García-Lomas ha resaltado que, más de allá de la historia y del análisis filológico de tipo textual, puede hablarse en verdad de una filosofía contenida en el que llama *sermo monasticus* y que define como «[U]n modo de expresarse que tiene como fuente un modo específico de vivir» (GARCÍA-LOMAS GAGO, Luis Javier, OSB, *Las figuras del amar. El pensamiento de Guillermo de Saint-Thierry*. Madrid: Editorial Ciudad Nueva, 2025, p. 37).

8 Todos estos volúmenes han sido publicados originalmente en inglés por Bloomsbury Publishing Plc. Las traducciones de *The shattering of loneliness. On Christian Remembrance* y *Entering the Twofold Mystery. On Christian Conversion* han sido publicadas en la colección "Biblioteca Cisterciense" del Grupo Editorial Fonte. La versión española de *Chastity. Reconciliation of the Senses* ha aparecido en Ediciones Encuentro.

9 VARDEN, Erik, *Redeeming Freedom. The principle of servitude in Bérulle*. Roma: Studia Anselmiana, 2011, p. 33.

de una redefinición de los marcos de expresión que han caracterizado el pensamiento monástico.

2. La soledad y la creación: la articulación de la memoria

Con la traducción del libro *La explosión de la soledad* se ha producido en España un fenómeno curioso. Los argumentos de Erik Varden han atraído un inusitado interés entre lectores que en principio no parecerían especialmente inclinados hacia la literatura espiritual. En una entrevista de Daniel Capó, Varden ha puesto de relieve su distinción entre deseo y anhelo, una de las ideas centrales con que el libro, lejos de las respuestas clásicas de la teodicea, ha intentado enfrentarse a algunas de las perplejidades que el mal sigue suscitando a la mentalidad contemporánea.[10]

Conviene comenzar asegurando que este no es un libro de un intelectual ni de un maestro de espiritualidad. Es el libro de un monje que practica, con agilidad y soltura, el diálogo con quienes, según Henri de Lubac, habrían conservado el sentido espiritual de las Escrituras en los últimos dos siglos: los poetas.[11] No es ni pretende ser un libro novedoso, sino más bien *nuevo*, deseoso de ir a lo esencial.

Su estructura es sencilla y está fuertemente trabada. Dividido en seis capítulos, a los que suman una introducción y un epílogo, todo él está marcado por el imperativo de recordar, como el título de cada capítulo se encarga de subrayar. Sucediéndose como el desarrollo de la historia de la salvación, desde la Creación (y la caída) hasta la Redención (y la plenitud), cada capítulo está construido de forma similar. Tras introducir el tema bíblico escogido y situarlo en un contexto actual relata el testimonio de poetas, novelistas o personas de fe ante las angustias de nuestra época.

María Egipciaca, Stig Dagerman, el stárets Serafín de Sárov, Maïti Girtanner o Andreï Makine, entre otros, son los interlocutores con que Varden va intentando aclarar sus preguntas sobre la realidad del mal y el misterio más hondo de la bondad y de la belleza, capaces de hacer refulgir, contra toda aparente esperanza, la verdad de la condición humana.

He ahí donde se articula el sentido del título y del subtítulo (*Sobre la memoria cristiana*) del libro, el cual pierde inevitablemente parte de su fuerza en la traducción. Entre la soledad y la memoria se produce una intensa comunicación que adquiere unos matices muy particulares en el texto original. En inglés se distinguen tanto los términos

[10] Capó, Daniel, «Erik Varden: "Siempre recuerdo este consejo: No te dejes fascinar por el mal"». Disponible: https://theobjective.com/elsubjetivo/erik-varden-recuerdo-consejo-fascinacion-mal [Última consulta: 23/05/2025].

[11] «No tendríamos razón en menospreciar su mensaje por el hecho de tratarse de poetas, o porque quizás desconocen a veces demasiado la historia, o incluso porque han sido injustos con la crítica. No han dejado de dar un impulso saludable. Han ayudado a enlazar con la tradición más auténtica. No resultaba lógico esperar que hablaran como especialistas de la exégesis, como tampoco de la teología o de la espiritualidad» (de Lubac, Henri, *La Escritura en la Tradición*. Madrid: BAC, 2014, p. 78).

solitude (soledad física) y *loneliness* (soledad afectiva) como *memory* (potencia intelectual) y *remembrance* (el recuerdo trabajado en la memoria). Más que una explosión, Varden se adentra en el sacudimiento, en el estallido, en el resquebrajamiento (*shattering*) que la obediencia a la memoria produce en nuestro sentimiento de orfandad originaria. Podría decirse que la herida que nos libera del aislamiento nos invita a recuperar la comunión entre nosotros y con Dios.

En un sentido agustiniano, presente, pasado y futuro se proyectan entonces en una unidad que las trasciende y que hacen de la memoria un signo de identidad. En cuanto tal, cabe hablar de *anamnesis*. Más allá de su sentido platónico o litúrgico, este concepto adquiere en el pensamiento monástico una tonalidad distintiva respecto del método dialéctico propio de la línea teológica emprendida por la Escolástica.

Como el propio Varden insinúa a través de su reflexión sobre el concepto griego de *aletheia*, la *anamnesis* no es una simple reminiscencia, ni tan siquiera una conexión con las ideas y los sentimientos más originales que el hombre recuperaría en el proceso de *theosis*. Literalmente, sería una tarea que obliga a remontar la memoria sin descuidar el riesgo de su propio olvido. Según Varden, el hombre, formado del *humus*, aspira a ser más y mejor. El *memento mori* sería la prueba más elevada de la dignidad humana. Su anhelo de infinitud brota de su misma naturaleza finita. Este abajamiento le revela, como un don, la gloria de Dios manifestada en el Hombre nuevo encarnado en Jesucristo.

No es casual, por tanto, que, sin mencionar a san Anselmo y a santo Tomás, presentes de uno y otro modo en su antropología, Varden se acoja a la sombra de Orígenes y de san Atanasio. De este último, en el capítulo final, comenta con brillantez el opúsculo *Sobre la encarnación del Verbo* como una réplica indirecta al anselmiano *Cur homo Deus est*. La muerte de Jesús no habría sido la satisfacción infinita de una deuda infinita —un planteamiento jurídico que repugna a la mentalidad moderna—. Más bien su encarnación habría representado la nueva Creación, la recuperación de la semejanza de Dios por el *Logos* y el cumplimiento de la voluntad original del Creador sobre ese hombre al que se inclinó para modelarlo con la arcilla de la tierra:

> Por lo cual el Verbo de Dios se presentó en su propia persona, para que la imagen del Padre pudiera recrear al hombre que existe a su imagen. Por otro lado, además, esto no podría haber sucedido, si no se hubieran hecho desaparecer la muerte y la corrupción. Por lo que, consecuentemente, tomó un cuerpo mortal, para que pudiera destruir en él la muerte y los hombres fueran renovados otra vez en la imagen. Y para esto, ciertamente, no era necesaria más que la imagen del Padre.[12]

Este planteamiento, que es sostenido con rigor y serenidad, lleva a Varden a la afirmación más osada de su libro: «Lo que Dios tenía en mente no era tanto la redención,

[12] Atanasio, *La Encarnación del Verbo*. Madrid: Ciudad Nueva, 1997², p. 64.

sino la recreación. El problema que reclamaba una solución no era el pecado, sino la muerte».[13] Sin duda, «en Dios encarnado, nuestra humanidad misma tenía vida divina».[14] Como expresa también en el último capítulo: «Estar creados a imagen de Dios —ser humanos— es portar en lo hondo del ser de cada uno un anhelo que desea trascender los límites de la naturaleza humana para participar en la vida divina».[15] Pero Varden parece disolver la correlación ontológica entre causa y efecto (pecado-muerte) en favor del impacto existencial y fenomenológico de nuestra finitud restaurada en su anhelo originario.

El valor salvífico de la pasión y muerte de Jesús podría quedar así desdibujado. Es cierto que no corresponde entender éstas como la imputación de un castigo terrible y hasta inhumano sino, como Varden mismo apunta, con un sentido genuinamente evangélico, en el capítulo dedicado al memorial eucarístico, la expresión del perdón incondicional de Dios a la humanidad que, paradoja inconmensurable, es salvada justo cuando vuelve a rechazarlo.

Dice Varden en verdad que Dios se hizo huésped de los hombres para mostrarles su auténtico rostro. «Vino a su casa, y los suyos no lo recibieron» (Jn 1,11). En el recuerdo de las cicatrices del campesino noruego que tanto le impresionaron en su adolescencia, siguen resonando los mismos gritos, ahora a sabiendas, de hace veinte siglos: «¡Fuera, fuera; crucifícalo! [...] No tenemos más rey que al César» (Jn 19,15). Sólo así puede entenderse la vocación del monje: «Cuando es vivida sinceramente, la vida monástica es un hábitat de transformación».[16]

Igualmente, pese a los dolores crónicos de Maïti Girtanner provocados por las torturas nazis o la prisión de Iulia de Beausobre en un campo de trabajo soviético, el perdón y la compasión transfiguran nuestra existencia con la victoria de Cristo: «Pero a cuanto lo recibieron, les dio poder de ser hijos de Dios, a los que creen en su nombre» (Jn 1,12). O como dice Varden: « Ser digno [de la Eucaristía] es asentir a la realización del ejemplo de Cristo en mi vida -comprometerme con su novedad. El Señor no busca la perfección instantánea. Pero requiere coherencia en el modo de vida».[17] La Redención — la Reconciliación— culmina y completa la Recreación. «Y bendijo Dios el día séptimo y lo consagró, porque en él descansó de toda la obra que Dios había hecho cuando creó» (Gn 2,3).

[13] Varden, Erik, *La explosión de la soledad.* Burgos: Monte Carmelo, 2021, p. 146.

[14] *Op. cit.*, p. 150.

[15] *Op. cit.*, p. 144.

[16] Varden, Erik, *op. cit.*, p. 17.

[17] Varden, Erik, *op. cit.*, p. 100.

3. La conversión como ascesis y la Regla como contemplación

Aun siendo el libro más circunstancial de Erik Varden, por razones que intentaremos exponer brevemente, *Sobre la conversión* no solo continúa la investigación de *La explosión de la soledad* en torno al misterio de la naturaleza humana, atravesada simultáneamente por el dolor y la conciencia de la propia fragilidad, por una parte, y por la alegría y el anhelo de plenitud por otra, sino que constituye asimismo una profundización en las formas de acceder a tal experiencia arraigada en los modos de pensar y de expresarse de la tradición monástica.[18]

Sobre la conversión se inicia, como *La explosión de la soledad*, con un testimonio personal que adopta la forma de un relato. En el primer libro, era la historia que relató al autor su padre sobre el campesino noruego cuya espalda al desnudo dejaba ver las cicatrices de la tortura de los nazis. En este nuevo volumen, Varden rememora su encuentro con un mendigo llamado Manu a la puerta del elegante edificio donde vivía en París, como desencadenante de su decisión final de abrazar la vida monástica.

En *La explosión de la soledad* cada capítulo constituía una «meditación» sobre el tema del «recordar». En la línea agustiniana que atraviesa el pensamiento monástico medieval esa insistencia en la potencia de la memoria está fuertemente asociada a la virtud teologal de la esperanza. El sufrimiento no tiene por qué ser una experiencia definitiva, de aprisionamiento, sino la señal de una posible liberación que siempre viene del otro. En *Sobre la conversión*, en cambio, la modalidad de la meditación está sustituida por la de las exhortaciones o instrucciones de Dom Varden como abad del monasterio de Mount Saint Bernard en la primera parte y por la de sus homilías en la segunda parte.

La debilidad de *Sobre la conversión* radica sobre todo en el carácter de florilegio que poseen los textos recogidos. Aunque en este libro se advierte especialmente que el procedimiento pragmático habitual en los medios académicos y periodísticos de reutilizar materiales preexistentes no sólo se usa para reorganizar sus significados en una nueva dirección, intenta también proponer un medio de reconectar con una tradición que, sorteando la deslegitimación de los metarrelatos propia de la posmodernidad, ofrezca una posibilidad de redescubrir su función no por simbólica menos veritativa.[19]

[18] La versión española ha invertido el título y el subtítulo del original inglés, con el fin de resaltar uno de los motivos que vertebra la argumentación del libro: el sentido cristiano —y monacal— del término «conversión», en detrimento del «doble misterio» de dolor y gozo, tematizado, más bien, por el primero: «El monje busca constantemente convertirse, es decir, reorientarse, volver con determinación, de la oscuridad a la luz, de la falsedad a la verdad, de los espejismos en la arena del desierto del oeste al Sol de Justicia que nace en Oriente con la salud en sus rayos» (Varden, Erik, *Sobre la conversión cristiana. Entrar en el doble misterio.* Madrid: Grupo Editorial Fonte, 2025, p. 15). Como puede observarse a primera vista, la expresión misma de esta tesis está tejida tanto por símbolos (arena, desierto, rayos de sol) como por la trama textual de la Escritura volcada en el Oficio Divino (por ejemplo, el Cántico de Zacarías que se reza como himno en la hora de Laudes).

[19] Jean François Lyotard, *La condición posmoderna.* Madrid: Cátedra, 1986². p.11.

Aun así, el hilo que pretende darles unidad en el caso del libro de Varden que estamos comentando no acaba de estar sólidamente entrelazado a primera vista, a no ser que no se profundice en su doble dimensión literaria y litúrgica (literal *y* anagógica).[20] Parece como si de la esperanza que animaba las páginas del anterior libro se pasase ahora a intentar trabar la raíz de la fe sobre el fondo de la potencia del entendimiento de «qué hace a un monje» (primera parte) y de qué hace un monje —las homilías que pautan la liturgia del «Año monástico» de acuerdo con el esquema medieval cisterciense de los sermones capitulares (segunda parte). En cierto modo, como veremos, su tercer libro *Castidad*, el más aclamado de todos ellos, concluye el itinerario de una reflexión implícita sobre las potencias del alma y las virtudes teologales con un discurso sobre la caridad y los afectos que deben guiar la voluntad.

No obstante, con un esfuerzo sostenido sobre todo en la primera parte, *Sobre la conversión* se construye sobre una estructura medida, de raíz trinitaria que se duplica en el primer capítulo de la primera parte, el más importante de todo el libro. «Los votos» es una reflexión sobre la *Regla* que no se limita a un comentario, sino que es sobre todo una puesta a punto de unas categorías monásticas y de su método práctico. Es decir, gramática y escatología, por un lado, y el comentario escriturístico sobre la base de los cuatro sentidos según el modelo origenista, por otro.

A cada uno de los votos monásticos —curiosamente en este libro la *castidad* se da por descontada, como si corriese transversalmente a cada uno de los otros tres— corresponden cuatro secciones que se fundan en la idea de «retorno» como paralela a la de «rememorar». La obediencia se pone en paralelo con la libertad; la estabilidad es tanto espacial (el monasterio) como temporal (el ritmo del oficio); la *conversatio* es Ley o Regla y es, asimismo, contemplación. Se establecen correspondencias internas entre el Paraíso o la vuelta al Edén y Jerusalén; entre el hijo pródigo y Lázaro; entre Nazaret y el monasterio; entre la comunidad (*ecclesia*) y la Regla. El sentido literal anuncia el anagógico y el anagógico cumple en plenitud el literal; los sentidos moral y alegórico son las vías por las que avanza la letra encarnada hacia su transfiguración escatológica:

> El «volverse», «darse la vuelta» en cuestión, ya no se dirige a jardines, ciudades o leyes santas, sino hacia la persona de Jesús [...] El fin de la conversión cristiana es que esa inhabitación recíproca se convierta en una realidad encarnada a través del Espíritu Santo [...]. Convertirse, por lo tanto, es volverse hacia Dios: hacer su voluntad y esforzarse por vivir en su presencia. Como tal, es un proceso con implicaciones éticas. Requiere que abando-

[20] Agradezco al P. Javier García-Lomas, OSB, que haya llamado mi atención sobre la necesidad y el valor estructural de la segunda parte que, mirada con una perspectiva exclusivamente formalista, puede parecer desequilibrada. En comunicación privada el P. García-Lomas me señala con preciso acierto: «El recuerdo de las solemnidades y fiestas, o las memorias que en los sermones se hacen de monjes concretos, ponen de manifiesto claramente cómo la *forma vitae* prima siempre sobre la *forma mentis* en la vida monástica, vivida con amor. Es ese vivir cotidiano, "anónimo" en el mejor de los sentidos, del trascurrir de la vida juntos, lo que constituye la base de ese "año monástico" de la segunda parte del libro. Es en cierto modo una encarnación de la memoria agustiniana».

nemos cualquier comportamiento que nos separe de Dios. Sin embargo, de modo más esencial, la conversión consiste en rendirse a una fuerza de atracción que nos conforma a la vida divina. La «conversión» es una iniciativa divina. Debe ser seguida con una perseverancia decidida que compromete e informa la voluntad. Alcanza su plenitud en una unión transformadora que es enteramente obra de la gracia. Es un viaje hacia Dios, que nos devuelve la finalidad para la que fuimos creados por el amor. Hemos prometido seguir recorriendo ese camino hasta nuestro último suspiro.[21]

No resulta así extraño que culmine el comentario de la *conversatio morum*, entendida como «un modo de vida monástico, que es lo mismo que decir, un comportamiento monástico»,[22] señalando cuatro prácticas de la Regla que, de modo análogo, pueden proyectarse sobre los sentidos de toda escritura: intelectual, moral, espiritual y ascético.[23] La convicción de la necesidad permanente de conversión se forja en los hábitos de las virtudes cotidianas para alcanzar una contemplación cuya piedra de toque es relacional: se manifiesta en la vida común a la que el monje es llamado para salir de sí mismo y entregarse, con urgencia, al amor del nuevo mandamiento de Cristo.

4. La caridad ante la memoria, potencia escatológica

Como un ejercicio más de su modo de leer, la escritura monacal se caracteriza también por ir rumiando sus reflexiones. La *ruminatio* no consiste sólo en prestar detallada atención a los rasgos ocultos de sentido que la recitación quisiera acariciar. Avanza con ágil lentitud. No corona cimas, como la mística. Prepara el ascenso.

En un brevísimo lapso Erik Varden publicó el original inglés y la traducción española de *Castidad (La reconciliación de los sentidos)*. *Castidad* no es un tratado, ni un manual, ni una apología, ni una homilía, ni siquiera, apurando sus amplios límites, un simple ensayo. En toda la amplitud del término aspira a ser una *oratio*: un discurso que invite a la contemplación. Un monje siempre tiene muy presente la recomendación de S. Pablo: «Vuestra conversación sea siempre agradable, con su pizca de sal, sabiendo cómo tratar a cada uno» (Col 4,6). Es decir, un *logos*, una razón que da gracias, una palabra en vela.

Rumiar es recordar. En la *ruminatio* despliega su poder curativo la *anamnesis*. *Castidad* debe leerse en estricta continuidad con el libro anterior de Varden, *La explosión de la soledad*. Entre ambos se reconoce un mismo estilo, cuidado y próximo, que repite el procedimiento hermenéutico, en absoluto ajeno a la tradición monástica, de utilizar el ejemplo de obras poéticas, musicales y artísticas.

[21] Varden, Erik, *Sobre la conversión cristiana*, pp. 66 y 69-70.

[22] *Op. cit.*, p. 72.

[23] *Op. cit.*, pp. 75-80.

La explosión de la soledad invitaba a *recordar* —es decir, a pasar de nuevo por el corazón, sacando del olvido a la luz del Resucitado— el camino desde la Creación a una nueva Creación. *Castidad* nos anima a habitar el monte santo donde el Edén y la nueva Jerusalén están ya secretamente desposadas en nuestra historia redimida. Dice el autor: «Habitar el mundo castamente es verlo en verdad y verse a uno mismo y a la humanidad de modo verdadero en él; es decir, convertirse en contemplativo».[24]

La argumentación de Varden apunta a la castidad no tanto como un programa de virtud cristiana, sino sobre todo como un icono que manifiesta la realidad ontológica de la existencia humana. Por supuesto asume el horizonte de los afectos humanos, a la luz de un concepto integral de *intelecto* que no escinda el entendimiento como una potencia independiente y superior que debiera regir y sujetar la voluntad. Reconciliándose el uno y la otra por la memoria, el comentario desea remontar, más allá de la interpretación literal y moral de la palabra *castidad*, a su significado alegórico y anagógico. No es la castidad del Hombre en la Caída la que atrae en primer término la atención —el hombre desnudo, recubierto de pieles—, sino la expectativa del Hombre restaurado en su dignidad original, revestido de una túnica de gloria.

Como un *midrash* cristiano, Varden glosa *La cueva de los tesoros,* un texto siriaco del siglo IV. En una época como la nuestra, considera que su contenido «posiblemente consiga ir más allá que las admirables pero austeras definiciones de la teología escolástica».[25] Bajo esta delicada monición, el lector se asoma a un enfoque que, en su humildad, es inverso, pero no opuesto, al de la escolástica que lleva prolongándose durante los dos últimos siglos. Si Varden no propone la castidad en términos punitivos, se debe a que sostiene, provocativamente, que la castidad es el estado *natural* del ser humano perdido con el pecado. El orden de la gracia recupera la plenitud de la que caímos. Es preciso una anamnesis que sea también una anábasis.

La castidad debe meditarse en su horizonte escatológico. No es una carga sino un servicio. No es un *munus* sino un *officium.* La Caída nos arrastra a un desorden cada vez más abismal. La misericordia nos eleva a un nuevo orden edénico. La castidad no es un combate moral contra los instintos, sino la paz que recobra el polvo de que estamos hechos a imagen y semejanza de su Creador. Su sentido en la economía de la salvación es esencialmente litúrgico, en alma y en cuerpo, uniendo cielo y tierra, como se declara de una u otra forma en diversos momentos del libro. Dice con precisión Varden:

> Al principio, la naturaleza humana formaba parte perfectamente de este orden perfecto. Estaba orientada a la vida eterna y a la manifestación de la gracia sustancial de Dios. [...] Su misma existencia tenía un carácter unificador, sacerdotal. [...] El hombre fue invitado

[24] Varden, Erik, *Castidad. La reconciliación de los sentidos.* Madrid: Ediciones Encuentro, 2023, pp. 24-25.

[25] *Op. cit.*, p. 45.

a elegir la bienaventuranza. Esto significa que era libre de rechazarla. Su sacrificio sacerdotal residía en ordenar su libre albedrío según la llamada de Dios.[26]

Las tensiones que atraviesan la vida humana no se reducen a contrastes. Son también tensiones creativas. Orden y desorden, eros y muerte apuntan a la búsqueda de una reconciliación —y no meramente un equilibrio— entre cuerpo y alma como entre libertad y ascesis. Hombre y mujer, matrimonio y virginidad suponen un *anhelo* —concepto clave en el pensamiento de Dom Varden— de perfección, o mejor de dicho, de plenitud que sólo se reconcilia en el éxtasis del reencuentro en el otro. De todos los sacramentos, solamente uno *recuerda* el estado paradisiaco: las *nupcias*, que, a lo largo de la espiritualidad cristiana —y bíblica—, han alegorizado la intimidad del ser humano y Dios, de Cristo y su Iglesia. En la Jerusalén celeste se celebrará el banquete eterno del desposorio de Dios con su Creación.

En las primeras páginas de *Castidad* Varden establece una filiación etimológica de las acepciones empleadas por Aristóteles y Cicerón. La *Poética* y las *Disputaciones Tusculanas* remiten simultáneamente a un proceso de purificación y a un estado de pureza. No son una adquisición, sino una disposición largamente trabajada y liberadora. La castidad ni sublima ni apacigua la pasión: «Reconoce un destello de eternidad en la pasión». No libra *del* cuerpo; *lo* libera para que sea de nuevo él mismo. Le devuelve el descanso sabático.

Por ello, resulta de una especial relevancia un dicho conciso de los Padres del Desierto citado por Varden hacia el final: «La definición del "cristiano" es "imitación de Cristo"».[27] La acepción poética que resuena en el término griego de *mímesis* no se limita a la *imitatio* latina. Radicaliza su significado. A la medida del cristiano no le basta con reflejar a Cristo. Su acción está impelida a *re-presentar* el sentido mismo del obrar de Cristo. Es Cristo quien obra en él. La *castidad* es la manera de ver el mundo con la claridad del nuevo Adán que gobierna sus pasiones con la simplicidad de la Creación recién hecha. Quien es casto ve el mundo con los ojos mismos del amor de Dios. ¿Cómo no oír de fondo resuena la bienaventuranza de Jesús? «Dichosos los limpios de corazón, porque verán a Dios» (Mt 5,6).

En el hermoso andante final Varden va comentando el fresco del *Juicio final* del pintor del siglo XIV Pietro Cavallini. Todas sus figuras dirigen su mirada hacia Jesucristo, juez de misericordia. Aunque la pintura está dañada, siguen intactas las llagas de sus manos y de sus pies y la herida de su costado. Ligeramente inclinado hacia delante, porque ni siquiera el trono de su poder puede retener su cercanía, detener la mirada en Él es ser visto por Él a la luz de su Resurrección. Aunque no seamos monjes, solos ante

[26] *Op. cit.*, p. 68.

[27] *Apotegmas de los Padres del Desierto.* Madrid: BAC, 2017, p. 14 (I. 37).

sus ojos, Varden insiste a su lector a que repita, con el anhelo herido de una pureza añorada: «Oigo en mi corazón: "Buscad mi rostro". Tu rostro buscaré, Señor» (Sal 27,8). Con *Castidad* Erik Varden acompaña los pasos de esa búsqueda.

5. Heridas que sanan: Encarnación y Redención.

Con la publicación de *Healing Wounds* al inicio de adviento de 2024 —un volumen de Cuaresma como reza su subtítulo *The 2025 Lent Book*—, Varden decidió poner a prueba las expectativas de sus lectores. Más allá de la circunstancial paradoja que une el nacimiento y la muerte de Cristo, al cerrar el volumen se puede tener la impresión de haber practicado un ejercicio espiritual sobre la condición humana desde una perspectiva tan olvidada como todavía hoy más actual.[28]

Heridas que sanan es tanto una meditación como una contemplación de las heridas de Jesucristo a través del comentario a una obra poética latina de mediados del siglo XIII: la *Oración rítmica a cada uno de los miembros de Cristo sufriente que cuelga de la Cruz.*[29] Los siete himnos que la componen fueron atribuidos a san Bernardo de Claraval, aunque sean casi con total seguridad obra de Arnulfo de Lovaina (1200-1248), también abad cisterciense. Durante el Barroco sirvieron de inspiración a Dietrich Buxtehude para componer un ciclo de cantatas con el título de *Membra Domini Jesu Christi* (1680). Aunque esta adaptación musical despertase su interés, para construir su obra Varden ha acudido directamente al poema, del que ofrece en paralelo, al principio de cada uno de sus capítulos, una elegante versión adaptada a la prosodia del inglés.

Con *Heridas que sanan* su autor nos ha entregado su libro más íntimamente monástico. En el díptico que formaban sus ensayos anteriores, *La explosión de la soledad* y *Castidad*, Varden había iniciado el camino de experimentar con variados géneros literarios monacales. Aunque no se haya destacado lo suficiente, una parte fundamental de su éxito se debería atribuir a la sensación de frescor que esas modalidades lograban transmitir, con una mezcla tan bíblica de poesía y sabiduría que brilla con especial intensidad en el oficio divino. *Heridas que sanan* representa así la madurez de este procedimiento. Apoyándose firme y declaradamente en la tradición cisterciense a la que pertenece como monje trapense, Varden requiere de su lector, si de verdad quiere aprovechar su lectura, hacer un gran esfuerzo: que se atreva a descubrir, mirando al

[28] VARDEN, Erik. *Healing Wounds.* London: Bloomsbury Publishing Plc, 2024. Con posterioridad a la entrega de este artículo ha salido la edición en español de esta obra (VARDEN, Erik, *Heridas que sanan.* Madrid: Ediciones Encuentro, 2025).

[29] Para una síntesis de la historia manuscrita y la recepción del poema de Arnulfo de Lovaina, *cfr.* Chris FENNER and Dick WURSTEN, «Membra Jesu Nostri». Disponible: https://www.hymnologyarchive.com/salve-mundi-salutare (05/08/2021). [Consulta: 26/05/2025].

Crucificado, qué hay de monje en su interior; o, dicho en los términos de Louis Bouyer, hasta qué punto de urgencia está dispuesto a seguir su vocación de cristiano.[30]

El lector de libros *espirituales* está acostumbrado a encontrar en los mejores de ellos una versión inteligente y expurgada de excesos sentimentales. Sin que le exija el esfuerzo intelectual de un tratado teológico, le basta con que sigan satisfaciendo la función de encender sus afectos para formar buenos deseos que pueda cumplir. Lejos de estas basas de la herencia romántica que todavía no se ha extinguido, Varden nos invita a emprender, no el retorno, sino el ascenso por los caminos que lo medievales habían trazado con paciencia y reflexión. Tal como lo entendía san Bernardo, entre el intelecto y el afecto no existiría una cesura tan estricta como habrían supuesto los modernos desde el siglo xiii. En el mundo monástico sentir y gustar las cosas internamente acrece y jamás cansa el saber del alma. Gramática y escatología. Nada de oscuridades rebuscadas, sino nítida altura que quema la respiración apresurada.

Heridas que sanan prosigue y profundiza los armónicos que despliega la obra entera de Varden. Desde *La explosión de la soledad* su tema central ha girado sobre la vulnerabilidad humana: las heridas que el ser humano inflige y se inflige por el pecado están destinadas a ser curadas. Sus cicatrices nos muestran el misterio de la salvación: la conversión, la redención, la restauración. La fe cristiana se sostiene en una esperanza que brota de la memoria. En el presente el pasado nos recuerda el futuro. *Castidad* invitaba a descubrir en Cristo la imagen del nuevo Adán que, sin guardársela, nos ha comunicado en su Resurrección. En *Heridas que sanan* pasamos de recordar nuestras heridas a pasar por el corazón (*re-cordar*) las de Cristo. Enfoca nuestra mirada hacia la piedra de escándalo de la cruz en que cuelga Dios hecho hombre. A despecho de nuestra época que quisiera silenciarla, a través de ella el cristiano atisba la Gloria escatológica.

Arnulfo de Lovaina va elevando nuestra mirada desde los pies y las rodillas del Crucificado, pasando por las manos, el costado y el pecho, hasta alcanzar su corazón y su rostro. El amor requiere de una precisión contemplativa que sólo puede alcanzarse a través de una *Rythmica oratio*. El sustantivo retiene simultáneamente las acepciones de «oración» y de «discurso». Tras la lectura atenta y la meditación intensa de la Crucifixión, brota la oración que es el discurso que lleva al cristiano a la configuración y a la identificación con Cristo muerto en la Cruz.

Los comentarios a cada una de las heridas de Cristo están forjados en el yunque de la Patrística, tal como la literatura monástica no se cansó de fatigar. Chispean en ellos los sentidos de la exégesis al chocar entre sí. No proceden de una manera uniforme y lineal —del sentido literal al anagógico—, sino que oscilan al ritmo que alienta el espíritu. En términos lingüísticos, podría decirse que el suyo es un desarrollo semiósico que condensa el nivel fónico con el pragmático o el sintáctico con el semántico. El sentido

[30] Bouyer, Louis, *Le sens de la vie monastique*. Paris: Éditions du Cerf, 2008, p. 13.

literal que garantiza la interpretación alegórica se metamorfosea en un nivel moral que sólo puede ser engendrado en su perspectiva anagógica. De ese modo, la alegoría y la literalidad alcanzan entonces su sentido más hondo. Tan es así que cada comentario termina con una brevísima *oración* de Varden. Mediante la libre adopción de la forma del verso, aspira a fundirse con Cristo en la palabra poética con que el abad Arnulfo quería responder a su palabra.

De las glosas a cada una de las heridas, sobresalen las que Varden dedica al costado y al pecho de Cristo. En este punto falla la gramática. Cabe conformarse con la enumeración: Longino, Bartimeo y David; la lanza, la ceguera y el Arca; las historias apócrifas y la verdad del Evangelio; Judas probando el bocado antes de entrar a la noche, Juan reclinado sobre Jesús... Léon Bloy decía que no existe más que una nostalgia: la del Paraíso. Con el sabor de los Padres, Varden nos anima a vislumbrarlo de nuevo a través de la abertura del costado: «Identificar la herida del costado de Cristo como la fuente de la miel destinada a fluir a través de la tierra de la promesa de la resurrección, inundándola de consuelo, es ver la pasión de modo escatológico, encontrando en ella la clave hermenéutica de una historia de salvación milenaria».[31]

El gran tema patrístico y monástico de Varden es el dolor del que nace una alegría que no puede sernos arrebatada. En el fondo, no retoma sino el motivo de la Caída desde la perspectiva de la Redención: el Edén contemplado desde el Gólgota. En su nuevo libro vuelve a meditar y contemplar el misterio de la Creación restaurada. Como religión de la encarnación, el cristianismo conoce el peso indecible de las lágrimas; por ello, tarea suya es enjugarlas y consolarlas. Entre el desierto de las tentaciones y Getsemaní, Jesucristo obra como el nuevo jardinero del Edén que florece con su resurrección. Las heridas de Cristo pueden sanar las de los hombres si estos no sólo logran aceptarlas sino si son capaces de dejarse transformar por ellas. Cristo las toma en sí y en Él cada creyente las ve transfiguradas a la luz del Misterio Pascual. En cierto modo, la perspectiva que adopta Varden en este libro implica una soteriología existencial.[32] En unas sociedades como las nuestras, que (se) niegan reconocer la fragilidad y el sufrimiento, debería resonar calladamente el ofrecimiento final que guía la intención de nuestro autor:

> Por el contrario, esta afirmación reconoce que el mundo sigue necesitando ser salvado; que la Pascua no es un acontecimiento pasado, sino presente; que nuestra vida, nuestra alegría y nuestra esperanza dependen de ella. Solo en el Paraíso, cuando por fin estemos en casa, con Jesús, Dios hará cesar todo llanto. Por ahora, tomamos nuestra ración de su mesa como errantes, su pan sazonado con nuestras lágrimas.[33]

---

[31] VARDEN, Erik, *Heridas que sanan*, p. 91.

[32] Debo esta interpretación también a indicaciones del P. Javier García-Lomas en comunicación privada.

[33] VARDEN, Erik, *Heridas que sanan*, p. 159.

Eucaristía y Escatología riman, así, en el banquete eterno que anuncian las llagas de Cristo.

6. Conclusión.

Aunque la producción ensayística de Erik Varden pueda aparentar poseer un carácter de alta divulgación, en su trasfondo puede rastrearse una renovación de los temas y de los motivos, de los procedimientos estructurales y de los géneros literarios, así como una redefinición de las relaciones pragmáticas del autor con su público que han caracterizado el que puede denominarse «pensamiento monástico».

Cada uno de los volúmenes que se han reseñado en las páginas anteriores reflexiona a su modo sobre la actualidad la vida monástica a través de cómo sigue vigente la figura del monje. Varden insiste en este punto: la memoria es el lugar donde se teje la identidad, también la monacal. Frente a cualquier pretensión escapista o desencarnada, el obispo de Trondheim repite que su vocación no encierra, sino que impulsa a recobrar el pulso original de la naturaleza humana.

En *La explosión de la soledad* define ser monje «como habitar en un universo ilimitado. [...] Cuando es vivida sinceramente, la vida monástica es un hábitat de transformación. [...] Comienza a hacerse más ancho, hasta el punto de contener el mundo entero, recordando su difícil situación ante Dios, recordando el mundo a la misericordia de Dios».[34] Toda la primera parte de *Sobre la conversión cristiana*, en la que nuestro autor trata la forma que configura la vida monacal, el rasgo que sobresale es de nuevo su condición de *memoria Dei,* que conduce a retornar a la casa del Padre como si el monje estuviera prefigurado en «el hijo pródigo».[35] En *Castidad*, donde los Padres del Desierto o los Victorinos constituyen el horizonte no sólo existencial sino incluso anagógico de la meditación sobre la pureza del corazón, Varden localiza su esfuerzo en el sentido de la vista: «El monje se esfuerza, en primer lugar, por ver su deseo tal como es para poder verse a sí mismo en la verdad. En segundo lugar, intenta ver a sus semejantes con claridad cristiana. En tercer lugar, espera ver a Dios [...], no a partir de proyecciones humanas, sino "tal cual es"».[36] Esta tensión por recuperar la imagen y semejanza de Dios, que convierte el Huerto de Getsemaní en la imagen alegórica-moral del Jardín del Edén, implica una apertura escatológica. La contemplación de la cruz de Cristo, es decir, de todas las heridas infligidas por la humanidad a su condición divina, invita a adentrarse en el misterio de la economía de la salvación: «La vida monástica se vive a la luz de la resurrección de Cristo».[37]

[34] VARDEN, Erik, *La explosión de la soledad*, pp. 17-18.

[35] VARDEN, Erik, *Sobre la conversión cristiana*, p. 29

[36] VARDEN, Erik, *Castidad*, p. 126.

[37] VARDEN, Erik, *Castidad*, p. 133.

Por todas estas razones, puede afirmarse que la obra en marcha de Erik Varden constituye un testimonio de la vigencia de un pensamiento que aspira a expresar, aunque en enigma, una plenitud gramatical y escatológica.

Referencias bibliográficas

Atanasio, *La Encarnación del Verbo*. Madrid: Ciudad Nueva, 1997[2].

Bouyer, Louis, *Le sens de la vie monastique*. Paris: Éditions du Cerf, 2008.

Capó, Daniel, «Erik Varden: "Siempre recuerdo este consejo: No te dejes fascinar por el mal"». Disponible: https://theobjective.com/elsubjetivo/erik-varden-recuerdo-consejo-fascinacion-mal

De Lubac, Henri. *La Escritura en la Tradición*. Madrid: BAC, 2014.

García-Lomas Gago, Luis Javier, *Las figuras del amar. El pensamiento de Guillermo de Saint-Thierry*. Madrid: Editorial Ciudad Nueva, 2025.

Leclercq, Jean, *El amor a las letras y el deseo de Dios*. Salamanca: Sígueme, 2009.

Lyotard, Jean François, *La condición postmoderna*. Madrid: Cátedra, 1986[2].

Pego Puigbó, Armando, *El Renacimiento espiritual (Introducción literaria a los tratados de oración españoles. 1520-1566)*. Madrid: CSIC, 2004.

Ricoeur, Paul, *Tiempo y narración I. Configuración del tiempo en el relato histórico*. Madrid: Siglo XXI. 2004[5].

Steiner, George, *La poesía del pensamiento*. Madrid: Siruela, 2012.

Varden, Erik, *Castidad*. Madrid: Ediciones Encuentro, 2023.

Varden, Erik, *Heridas que sanan*. Madrid. Ediciones Encuentro, 2025.

Varden, Erik, *La explosión de la soledad*. Burgos: Monte Carmelo, 2021.

Varden, Erik, *Redeeming Freedom. The principle of servitude in Bérulle*. Roma: Studia Anselmiana, 2011.

Varden, Erik, *Sobre la conversión*. Burgos: Grupo Editorial Fonte, 2025.

Zambrano, Maria, *Filosofía y Poesía*. Madrid: Fondo de Cultura Económica, 1993.

Armando PEGO PUIGBÓ

Armando Pego Puigbó, *Qohélet / Lector. Alegría en tiempos de vaciedad.*
Salamanca: UPSA Ediciones (Bibliotheca Salmanticensis, Serie Filosófica 7), 2024, 164 pàg.

L'obra *Qohélet / Lector. Alegría en tiempos de vaciedad*, del professor Armando Pego Puigbó, constitueix una meditació personal sobre l'actualitat d'un dels llibres més desconcertants i paradoxals del cànon bíblic: l'Eclesiastès o Qohèlet. Lluny d'oferir una lectura filològica, històrica o doctrinal en sentit estricte, Pego opta per una aproximació que ell mateix defineix com «una lectura sobre lecturas de otros *lectores*» (pàg. 12). Aquesta formulació no funciona només com a advertiment metodològic, sinó que revela el nucli mateix del projecte: l'assaig s'articula com un conjunt de gloses que dialoguen amb tradicions poètiques, teològiques i filosòfiques diverses amb la finalitat d'indagar en el sentit del Qohèlet i de mostrar la seva capacitat per il·luminar l'existència humana. L'Eclesiastès no seria un text antic que calgués actualitzar mitjançant categories contemporànies, sinó una veu que serviria per posar en evidència la situació existencial en què es troba l'home modern, sovint marcat per la buidor. En aquest sentit, Pego sosté que és Qohèlet, l'autor del text homònim, «quien lee nuestra época líquida, y no al revés» (pàg. 13).

Aquesta manera d'entendre el Qohèlet com a veu que interpel·la el present només s'entén des d'una determinada concepció de la lectura, articulada per Pego a través de la pràctica de la glosa. Segons l'autor, no consisteix a realitzar comentaris accessoris, sinó en una forma de meditació, doncs «toda meditación encierra una glosa del texto sobre el que está inclinada» (pàg. 15). La glosa no buscaria dominar el text ni clausurar-ne el sentit, sinó aprofundir-hi pacientment. Contra la figura del lector-client, que instrumentalitzaria el text i l'esgotaria en funció de les seves expectatives, Pego reivindica la figura del lector-deixeble, disposat a deixar-se transformar per allò llegit. El veritable lector no seria un simple receptor: llegir implicaria escriure la pròpia vida, i escriure, alhora, seria una manera de llegir-la. La *lectoescriptura* que defensa l'autor no seria una activitat merament intel·lectual, sinó una pràctica existencial que transformaria el subjecte i l'obriria al misteri de la realitat. El mateix Qohèlet seria un *lectoescriptor*, ja que hauria compost el seu llibre després d'haver llegit la realitat, oferint al lector no una doctrina sinó un camí on quedaria palesa la seva experiència humana. Així doncs, llegir no significaria simplement descodificar un text a fi d'acumular coneixements, sinó entrar en una relació transformadora amb altres textos i autors.

Aquesta concepció de la lectura i de la glosa no resta en l'àmbit teòric, sinó que es concreta en la manera com Pego llegeix i comenta altres autors. Se centra en primer lloc en la interpretació de l'Eclesiastès que es podria desprendre d'una lectura atenta de l'obra de José Jiménez Lozano. El poeta subratllaria, al parer del nostre autor, «la conciencia gramatical de todo *escribidor* ante el misterio de la finitud humana», perquè «la escritura verdadera da fe de que la aparente nonada que somos, condenada a la extinción, muestra en la palabra el anhelo y la armonía de la vida» (pàg. 37). Segons Pego, aquesta consciència gramatical permetria que, fins i tot enmig de la vanitat i del fum al qual sembla reduir-se tota realitat, emergeixi un indici indestructible d'esperança.

Des d'aquests paràmetres es podria entendre millor l'afirmació central de l'Eclesiastès —«Vanitat de vanitats, tot és vanitat!» (Ecl. 1,2)—, sovint interpretada com l'expressió d'un nihilisme radical. Pego rebutja aquesta lectura simplificadora. L'afirmació no anul·laria la possibilitat de trobar un sentit a la vida, sinó que accentuaria la futilitat de les il·lusions amb què l'ésser humà pretén fundar-lo. El Qohèlet no proclamaria la inexistència d'un significat, sinó la inconsistència de tots aquells sentits que l'home construeix prescindint dels misteris de la Creació i de la Caiguda, que la modernitat racionalista expulsaria del seu horitzó. Pego considera que el Qohèlet «desea trascender el sinsentido que describe nuestra existencia cotidiana a través de la escritura que es capaz de generar mediante sus lecturas» (p. 26). La constatació de la vanitat dels nostres afanys i de les nostres aspiracions no desembocaria en la desesperació, sinó en una lucidesa que faria possible, paradoxalment, l'alegria. Aquesta no naixeria de l'èxit ni de l'acumulació de béns, sinó de la capacitat d'agrair la vida tot i el seu caràcter fràgil i finit.

És en aquest punt on el diàleg amb José Jiménez Lozano adquireix una rellevància particular. Segons Pego, Lozano faria una lectura ambivalent del Qohèlet que tindria com a centre la qüestió de la Creació. D'una banda, no estalvia la crítica al savi bíblic, a qui retreu que, «aun siendo implacable y cierta la verdad de la muerte, se deja arrastrar por sus efectos y, de este modo, miente sobre la vida» (pàg. 47-48). D'altra banda, però, no renuncia a dialogar-hi, conscient que participa, com autors com Pascal o Simone Weil, d'una mateixa «comunidad marcada por la esperanza de la Resurrección frente a la realidad insoslayable de la muerte» (p. 51). Tots els membres d'aquesta comunitat serien contemporanis en la mesura en què farien una mateixa experiència humana. La consciència de la finitud seria la que, en darrer terme, possibilitaria la conversa entre veus distants. Pego insisteix que en aquest horitzó marcat pel dolor i les esperances compartides, s'obriria també una alegria discreta, entesa com l'anticipació d'una plenitud que només pot ser entrellucada. En la poesia de Lozano s'hi reflectiria una de les ensenyances més profundes del Qohèlet: davant d'allò inevitable, «que es tanto una *prueba* a nuestra confianza, como una prueba *de* su verdad humana» (pàg. 52), emergiria la veritat de l'ésser enfront del no-res.

És en aquest marc que pren relleu un dels eixos vertebradors de l'obra: la reflexió sobre el temps, tant en la seva dimensió històrica com en l'escatològica. Enriquida pel diàleg que Pego estableix amb T. S. Eliot, especialment a partir dels primers moviments de *Four Quartets*. Segons l'autor, en Eliot conflueixen tradicions diverses:

d'una banda, l'herència grega, present a través de ressonàncies heraclítiques; de l'altra, el món jueu veterotestamentari, present a través de referències implícites a l'Eclesiastès. Si en el Qohèlet la repetició constituiria el nucli dramàtic de l'existència, expressat en l'afirmació que no hi ha res de nou sota el sol, Eliot cercaria un eix transcendent que permeti que la història, sense sortir de la immanència, no quedi clausurada en la pura reiteració. Pego subratlla, així, una diferència decisiva: en T. S. Eliot, la despossessió radical configura una consciència poètica capaç de sostenir la realitat en un context d'incertesa. A *Four Quartets*, el temps no seria travessat per una dialèctica d'oposats, sinó per una forma de teologia negativa que exigiria una epifania fosca. En contrast, en el Qohèlet la repetició esdevindria un lloc de prova que pot conduir a assumir el límit de l'existència. D'aquí que, «en Qohelet, la repetición no es exactamente una maldición sino un don cuya aceptación rasga toda expectativa humana» (p. 69-70), mentre que en Eliot aquesta repetició sembla quedar suspesa en una aposta en què Déu roman retirat.

Aquest contrast amb Eliot permet precisar amb més nitidesa la concepció del temps que Pego reconeix en el Qohèlet. S'hi articularia una experiència temporal irreductible tant a la successió lineal dels esdeveniments com a una mera reiteració estèril. En aquesta concepció aparentment paradoxal del temps s'entrellaçarien la finitud humana, la impossibilitat de disposar del futur i la presència d'un misteri que excediria tota apropiació racional. Tanmateix, lluny de desembocar en el nihilisme, aquesta experiència mostraria que el sentit del temps sempre es troba «més enllà» del temps mateix.

La reflexió sobre el temps i la lectura troba un nou desenvolupament en els comentaris que fa Pego als sermons de John Henry Newman dedicats a l'Eclesiastès. Segons el nostre autor, Newman parteix de la constatació que tots els homes, sense distinció, es dirigeixen cap a la mort. Els seus sermons girarien entorn de dos pols: la salvació de l'ànima, vinculada al fruit de les obres, i l'esperança de la felicitat eterna, simbolitzada pel Paradís. Tot i que el Qohèlet, davant la mort, declari vanes totes les preocupacions humanes, el creient pot començar —defensa Newman— a descobrir el valor etern del temps en l'espera de la vinguda de Crist. Pensa Pego que, entre el Qohèlet i Newman, existiria una distància que seria insalvable només en aparença: el savi del Qohèlet s'allunyaria per un instant de la dinàmica de la mort dins del temps; el creient de Newman començaria a comprendre el valor etern del temps, no tant perquè pugui dur a terme bones obres amb les quals guanyar-se la salvació, sinó perquè, en actuar, viuria esperant el judici de Crist, que portaria a la plenitud la seva veritable realitat. Per tant, «la necedad no consistiría tanto en despreocuparse del fin que conocemos cuanto en vivir de espaldas a la invisibilidad de la eternidad que lo visible del tiempo *ya* expresa» (pàg. 96).

Pego recorre també a la tradició patrística, i en concret a sant Jeroni, per aprofundir en el sentit del llibre bíblic. En llegir el Qohèlet, Jeroni assumiria la condició de deixeble, però, a més, la de pare espiritual dels seus interlocutors, establint una relació pedagògica que transcendiria la mera exegesi. La seva lectura articularia correspondències internes entre l'Eclesiastès, els Proverbis i el Càntic dels Càntics. Es basaria en un sentit espiritual que, diu Pego seguint Antoine Compagnon, només pot tenir en Crist el seu centre: sense ell, tot discurs teològic restaria mancat de fonament. És precisament aquest centre crístic el que permetria comprendre el sentit de les pràctiques humanes dins del temps. Sense negar el gaudi que aquestes poden aportar, Jeroni en remarcaria el seu caràcter provisional. Es planteja així una qüestió decisiva: si tant el savi com el neci caminen inexorablement cap a la mort, quin valor pot tenir l'estudi? La qüestió, si es té en compte la importància de la *lectoescriptura* abans esmentada, esdevé central. Segons Pego, la resposta de Jeroni consisteix a entendre l'estudi com una pràctica que «procura aplicar rectamente su entendimiento, de un modo u otro, a la materia que le ocupe y, por tanto, el estudio persigue, en cuanto acto cognoscitivo, un obrar moral» (pàg. 115). Aquesta seria, a judici de sant Jeroni, l'ensenyança fonamental del Qohèlet. Entès així, l'estudi no apareix com una activitat accessòria, sinó com una pràctica directament vinculada amb la configuració moral de la pròpia vida. Encara que no ofereixi un guany mesurable, l'estudi ajudaria a trobar i conservar una alegria que protegeixi contra la desesperança. Jeroni «vincula de una manera decidida esa alegría con el estudio y los trabajos intelectuales que no debemos dejar de lado, por más vanos que lleguen a parecernos. Tejidos con nuestra vida, guardan lo mejor de ella. La depuran y le dan sentido» (pàg. 125).

En la part final del llibre, Pego estableix un suggestiu paral·lelisme entre Teognis de Mègara i el Qohèlet. Els dos compartirien una consciència radical «del fin en el inicio» (pàg. 140), però l'expressarien des de contextos i horitzons diferents: Atenes i Jerusalem. La seva comparació permetria pensar la nostra situació *trans(post)moderna*, marcada pel nihilisme existencial. Pego assenyala les semblances i diferències dels dos autors analitzant tres tòpics literaris que es poden vincular a les seves respectives obres. El primer tòpic és *memento mori*. Tant en la poesia de Teognis com en el Qohèlet, la consciència de la finitud no conduiria a una paràlisi nihilista, sinó a una lucidesa tràgica que buscaria afirmar la vida sense caure en falses il·lusions. Ara bé, la distància entre ambdues obres es fa més intel·ligible si s'atén als altres dos tòpics que Pego destaca: *carpe diem* i *aurea mediocritas*. Pel que fa al primer, l'autor observa que, mentre en Teognis el gaudi del menjar, del beure i de l'amistat funciona com un analgèsic davant la fragilitat de l'existència, en el Qohèlet la resistencia a l'abisme s'identifica amb «una afirmación no tanto del instante, cuanto del peso que el gozo puede grabar en él» (pàg. 143). El savi bíblic no convidaria a la dispersió, sinó a una interiorització capaç de resistir la voràgine que arrossegaria la condició humana. Aquest contrast es prolonga en la manera d'entendre la mesura. Segons Pego, l'*aurea mediocritas* apareix en Teognis com el resultat d'una decisió humana particularment elevada. En el Qohèlet, en canvi, es manifesta com un do rebut. Pel savi bíblic la vida tranquil·la no es presenta com una norma moral ni com una estratègia de supervivència, sinó com l'expressió d'un horitzó profundament religiós: fins i tot enmig del patiment, el cor pot alegrar-se en la dita de l'ésser.

L'obra de Pego culmina en una conclusió decisiva: la necessitat no és abolida, però queda vençuda, encara que només sigui provisionalment, en la mesura que l'home és capaç de trobar alegria en el fruit del seu cansament. Aquesta alegria no és el resultat de la possessió ni del domini del temps, ni tampoc «la satisfacción por el deber cumplido, ni la esperanza de que algo mejore. Es una alegría que descubre al hombre en la vanidad de las cosas un saber que lo consuela de sus derrotas. No del todo, pero sí de nada» (pàg. 154). Es tracta, doncs, d'una alegria que no anul·la la ferida de l'existència, però que permet habitar-la sense desesperació.

En continuïtat amb obres anteriors com *El peregrino absoluto* o *Poética del monasterio*, Pego ha escrit un llibre travessat per una esperança que desafia els pressupòsits d'una modernitat descreguda i abocada a la buidor. Lluny de presentar-se com un assaig sistemàtic o un tractat doctrinal, *Qohélet / Lector* adopta la forma d'un breviari de gloses personals, en què l'autor es reconeix com un *lectoescriptor* que, des d'una experiència vital marcada pel desengany i per una certa amargor associada a la crisi de la mitjana edat, interroga el sentit últim dels afanys humans. El resultat és una obra de marcat caràcter existencial, pensada no tant per oferir respostes tancades com per acompanyar el lector en el seu propi itinerari de recerca. *Qohélet / Lector* es revela com un llibre especialment pertinent per al lector que, en el context del món contemporani, es trobi desorientat davant la pèrdua de certeses, la manca d'estabilitat i la fragilitat de tot allò que semblava sòlid. Sense caure en moralismes ni simplificacions, Pego mostra que el Qohèlet pot esdevenir un veritable consol en la mesura que ajuda a mirar de front la precarietat de l'existència sense negar-la ni banalitzar-la. Per aquestes raons, l'obra constitueix un repte per a una modernitat racionalista que ha confiat excessivament en la capacitat humana de fonamentar-se a si mateixa i que, en fer-ho, ha tendit a oblidar els seus límits, el misteri constitutiu de l'existència i la necessitat d'una saviesa que no es redueixi a evidències de caràcter empíric o al simple càlcul.

Francisco-Jesús CAÑETE CANTÓN
Universitat Ramon Llull
Facultat de Filosofia La Salle

Agnes Callard,
Sócrates al descubierto.
Barcelona: Editorial Kairós, 2025,
498 pàg.

El propòsit d'aquest llibre, revelat per l'autora mateixa, és proposar una ètica neosocràtica. Per reeixir, ofereix una relectura del personatge de Sòcrates en els *Diàlegs* de Plató —recordem que no consta que el filòsof deixés mai res per escrit—, des d'una interpretació contemporània. El llibre s'estructura en tres parts: una primera on desenvolupa el seu argument d'acudir a Sòcrates per complementar les ètiques vigents, una segona on entra a fons en el mètode socràtic com a manera de viure i una última on posa a prova la seva conjectura en tres àmbits cabdals de la vida humana.

Agnes Callard és professora de filosofia antiga a la Universitat de Chicago i és a més filòsofa pública, és a dir, participant activa de la conversa general a mitjans de comunicació amb argumentacions filosòfiques. Per tant, domina des del registre més divulgatiu fins a l'acadèmic més exigent. En aquesta obra opta per explicar la seva proposta en un llenguatge entenedor, amb poques definicions i menys cites, però sense perdre en absolut profunditat en la seva exposició i arguments. També, com explica ella mateixa, personalment ha estat molt a sobre de la traducció, des dels termes principals fins al títol. Tot plegat fa que el resultat sigui un llibre de lectura àgil però necessàriament reposada.

El detonant de la seva obra són les preguntes, les preguntes dels perquès. I si tot comença amb la pregunta, per què no anar a trobar al millor preguntador de la història per veure si s'estan formulant correctament i com es pot progressar? Comença en les primeres pàgines per exposar-ho de forma directa i frontal mitjançant el relat del *problema de Tolstoi*: per què faig les coses? Quin sentit té la vida? A partir d'aquí, es convida tots aquells que viuen amb preguntes no resoltes a sumar-se a la vida filosòfica-socràtica de la indagació. L'autora admet que hi ha la possibilitat de no fer-se preguntes o ni pensar en segons què, i també d'acceptar respostes parcials o prefabricades, però com poden avançar aquells que es qüestionen allò que veuen i escolten?

Segons l'autora, existeixen actualment tres tipus de respostes o ètiques: la deontologia de Kant, que limita les accions per respecte al grup resultant sent reguladora i normativa; la utilitarista de Mills, Bentham i Sigdwick, que limita les accions individuals i on predomina el major bé per la major quantitat de persones convertint-se en calculadora i maximitzadora; i la de la virtut aristotèlica, que prova d'harmonitzar les dues prèvies amb la virtut de l'actuació correcta i l'educació. Totes aquestes, diu, tenen un sostre i acaben «ignorants» en aturar les preguntes, o pitjor, en plantejar diverses respostes segons l'enfocament del moment construint utopies. Vol, per tant, proposar-ne una quarta: la proposta socràtica contemporània on l'actitud ètica adequada, per viure la vida pròpia, és la inquisitiva.

L'autora elabora, mentre exposa, un petit glossari dels termes que l'ajuden a argumentar: *preguntes extemporànies* per explicar les preguntes filosòfiques sense resposta, *envans de càrrega* per referir-se a les respostes que socialment i culturalment tenim més a mà, o *mandats salvatges* per tot allò que el nostre entorn ens exigeix contínuament i ens atrapa. La resta de la redacció discorre entre «problemes» i «paradoxes» que utilitza per fer analogies i metàfores tot il·lustrant el seu plantejament. Aporta en el camí pensaments col·laterals socràtics, com, per exemple, l'absurditat de la venjança que planteja com un joc de suma nul·la i no nul·la. Però el que realment sobta és que, mentre s'avança en la lectura, ella mateixa identifica els problemes o la discussió que poden tenir els seus raonaments. En aquest punt inicial de l'assaig, per exemple, es pregunta per què no s'ha proposat mai fins ara aquesta ètica neosocràtica, i ho contesta amb dues reflexions: la immediatesa de la cerca de les respostes, cosa que relaciona amb la incomoditat de viure sense trobar; i l'intel·lectualisme de la proposta socràtica. Si aquesta feina indagatòria per saber preguntar i avançar ha de ser el centre de la vida, les ocupacions reals han de passar a segon pla el que no és pas a l'abast de tothom.

Feta la seva justificació i havent identificat l'oportunitat per aquesta nova proposta d'ètica, el llibre se centra en la seva interpretació i relectura del mètode socràtic i del personatge del filòsof. Se'ns presenta un Sòcrates gens dogmàtic, que mai proclamà cap doctrina ni contingut. Ans al contrari, estava compromès en la cerca activa de la veritat, en l'aprenentatge constant mitjançant el diàleg, i en la guia als altres d'aquest procés de descobriment. No fou un savi que ensenyava, sinó un interrogador que obria el pensament. Algú que volia el bé, i, en no conèixer-lo, el cercava incansablement. I no relativitzava, sinó que revisava constantment el que creia. Un personatge, doncs, amb vocació pública i comunitària, algú com a exemple. Així, la filosofia socràtica, o el mètode, tal com l'interpreta l'autora, esdevé inacabada i aspiracional. La defineix com un procés en el qual no es posseeix el coneixement, entès com la resposta a una indagació, però que sí està compromès en la seva cerca mitjançant el diàleg. Un diàleg que forma, però que no tracta d'intercanviar continguts ni saber sinó comprendre. Un mètode que no és crític ni irònic, sinó que parteix de l'assumpció famosa de la seva ignorància. Més aviat, és un procés no acumulatiu sinó transformador. En definitiva, el seu pensament no és una doctrina, sinó una pràctica constant com a forma de vida dinàmica per mantenir vives les preguntes més que per repetir les respostes. Si realment cerques, sempre acabes al mateix lloc: sense resposta, però essent consistent. La proposta aleshores és no acatar les citades explicacions existents, per exemple, dels mandats salvatges segons Kant, i per descomptat tampoc haver de mesurar allò filosòfic segons els utilitaristes. L'oferta del mètode és tota una transformació de com viure i com pensar, no de què pensar.

En la darrera part del llibre l'autora aplica la proposta d'ètica neosocràtica als tres àmbits de la vida humana que diu Sòcrates que ignorem més i en els que ell és més expert: la política, l'amor i la mort. Pel que fa a la política, la idea principal que exposa l'autora és que molts dels ideals polítics més defensats i volguts, com la justícia, la llibertat o la igualtat, tenen en realitat molt de ficció fruit del context històric i social. Si bé afirma que «vivim junts perquè pensem junts», i que la filosofia socràtica defensa la participació en la vida política i col·lectiva, el que fa diu és «socratitzar» aquests grans conceptes utilitzats per la política per subratllar que aquí el discurs rellevant no és ni de falses consignes ni per imposar-se. L'autèntic exercici polític és cercar la veritat inquisitivament, i aquests ideals que el mètode desemmascara com a buits han de ser tractats filosòficament en profunditat i esdevenir ideals intel·lectuals. La intel·lectualitat és el fonament de la política. Parla més extensament de la igualtat per apuntar, per exemple, que la veritable igualtat es manifesta en com ens reconeixem mútuament a nivell intel·lectual per establir aquesta ètica del diàleg fins i tot en el desacord. Pel que fa a l'amor socràtic, diu que consisteix a ajudar l'altre a créixer intel·lectualment més que qualsevol altra cosa. Conjuntament es busca un ascens filosòfic de l'altre i una cerca de la veritat de forma compartida. L'últim capítol sobre la mort és especialment rellevant. Segons l'autora, l'actitud de Sòcrates davant la mort revela el nucli de la seva filosofia. Recordem que Sòcrates fou condemnat a mort i, per tant, tingué ocasió de parlar extensament sobre com afrontar-la abans de morir. Per a ell la filosofia és una preparació per perdre-ho tot, fins i tot la vida, i viure filosòficament vol dir prioritzar la veritat per sobre de la supervivència. Per això conclou l'autora que el filòsof no va defugir la mort, ja que hagués estat assumir un coneixement que no tenim de si és bona o dolenta. En canvi, afirma que la filosofia ens ensenya a viure examinant les nostres creences.

Aquest assaig es proposa formular una ètica neosocràtica. En aquest mateix propòsit inicial troba la seva màxima dificultat i els seus principals esculls. El primer és que el mètode socràtic és oral; per això el filòsof no va escriure res. Pot establir un llibre un diàleg? Pot ser l'escriptura inquisitiva? La filosofia socràtica és dinàmica, comunitària i pública. Pensar passa en diàleg i mai en solitud. I el segon és que Sòcrates mai contesta, només pregunta. Ja ell rebé acusacions de si la conversa perpètua no és una manera d'evitar respondre o d'abstraure conceptualment mitjançant el diàleg les qüestions reals.

En els capítols d'aplicació de la tercera part del llibre és on més es fan paleses aquestes limitacions: sembla que contesta sobre què és l'amor, però defuig fer-ho en la política girant els conceptes i potser en el de la mort és on són més evidents les dificultats del seu plantejament. Si es vol oferir una nova ètica, la primera pregunta podria ser «de què s'ha d'ocupar una ètica?» o «quines són les seves qüestions fonamentals?». Hom diria que una ètica es qüestiona com hem de viure. Si com en aquest capítol final estem pensant com afrontar la mort i, per tant, la vida, una ètica es preguntaria «per què viure bé, per exemple a consciència de les nostres decisions i valors, sabent que moriré igual?». Tanmateix el capítol només ho aborda filosòficament des d'un punt d'existencialisme sobre el sentit de tot plegat, de les pors i els temors tant a la mort com a on deixarem d'arribar i viure, i metafísicament passant lleugerament per un cert dualisme. Cap resposta a aquestes preguntes ètiques enunciades.

La gran virtut de l'Agnes Callard és que n'és plenament conscient, i ella mateixa identifica les limitacions de la seva obra. Potser per això el llibre acaba amb uns estranys agraïments que són més un intent de compartir tot allò bo i sobretot dolent que té l'assaig segons l'autora. De ben segur que en el proper llibre, que ja va mig insinuar en la presentació d'aquest, adreçarà algunes d'aquestes qüestions que potser ara queden una mica desdibuixades i amagades en la coherència de ser autènticament socràtic.

David RIU i VILA
Universitat Ramon Llull
Facultat de Filosofia La Salle

Ricardo Mejía Fernández,
Transhumanismo integral: en torno al deseo de vivir para siempre
Madrid: Ediciones Encuentro, 2025, 324 pàg.

A *Transhumanismo integral*, Ricardo Mejía no només presenta una revisió crítica de l'anomenat moviment transhumanista, el qual reconeix que no és —ni de lluny— homogeni. L'autor també ofereix una reinterpretació del transhumanisme més coherent i adequada a la realitat de l'ésser humà en totes les seves dimensions. És a dir, aporta una visió que aposta per l'ésser humà en la seva totalitat i en el seu esdevenir evolutiu, evadint la ingenuïtat d'una utopia futurista o, ans al contrari, conformant-se amb el 'tot està bé com està.' Així planteja una hermenèutica realista que reafirma totes les dimensions humanes, la seva 'carn' i realitat històrica concreta—incloent-hi aquell desig de transcendir—, la qual cosa contrasta profundament amb el ressentiment antihumanista. Però aquesta aproximació tampoc ignora cegament els mals que la humanitat pateix i per això també resulta ser una resposta a les queixes del pessimisme filosòfic.

El terme 'integral' es concep en part com a contrapartida al transhumanisme majoritari per la seva parcialitat i en presenta dues vessants principals: aquella que advoca per la transformació biològica radical de l'ésser humà, sense considerar les altres dimensions de la persona, i aquella altra, més fanatitzada encara, que proposa la superació de *l'homo sapiens* fallit immolant-lo en nom d'una etèria espècie posthumana superior. L'autor adverteix clarament contra aquells que profetitzen unilateralment el posthumà mentre menyspreen la seva pròpia carn. També amonesta els qui sense pensar críticament es deixen portar pel transhumanisme cultural *acrític*.

Potser el més sorprenent de tot és que els més acèrrims opositors del transhumanisme són freqüentment els seus promotors més eficients; el promouen inadvertidament a causa del soroll de l'alarmisme mediàtic. Sense voler, el màrqueting resultant incita la curiositat dels morbosos i atorga autoritat a la *performance* transhumanista (pàg. 136) que presagia el posthumà. L'autor s'aparta de l'alarmisme advocant per una ciència i tècnica que estiguin arrelades en la nostra realitat històrica, que no sacrifiquin les persones del present per un futur incert; també s'aparta del transhumanisme parcial que només considera millorar l'ésser humà quant a biològic i d'aquella altra varietat que amb més miopia encara busca superar la dimensió biològica de l'ésser humà. La relectura hermenèutica del transhumanisme, la qual denomina 'integral,' seria, doncs, el transhumanisme autèntic, aquell que no nega cap dimensió de la persona humana i que aspira des de la nostra realitat històrica, a la millora integral de l'ésser humà. Aquesta suposa el bé de la persona en totes les seves dimensions, oberta a la pròpia transcendència, als altres, al món i allò totalment Altre.

Entre les virtuts d' aquest text, a més a més de la seva claredat expositiva, es troba la varietat i selecció d' autors. Semblant al pare de família que sap treure coses noves i coses velles (Mt 13,52), Mejía harmonitza la lectura d'autors passats i presents per entendre les idees que són subjacents al fons del transhumanisme majoritari i identifica els malestars que pateix. I no només això. També recorre a autors d'ambdós costats de l'Atlàntic, emprant pertinentment el pensament de la tradició continental i analítica de la filosofia per tal d'abordar els temes presentats. D'altra banda, també presenta aquelles tradicions sobre les quals es recolza, com són l'humanisme occidental i el personalisme, però de forma crítica, enriquint-les alhora que reinterpretant-les des d'una hermenèutica de la continuïtat.

Algunes de les crítiques dibuixades per l'autor són notables. Per exemple, diagnostica el nihilisme latent en un moviment que, a causa de la gran insatisfacció experimentada amb l'estat actual de l'ésser humà, es construeix un ésser imaginari i il·lusori, la qual cosa fa que Mejía rebutgi la postura majoritària en el transhumanisme perquè genera una utopia de tipus immanentista. En construir-se castells en l'aire, ofereix falses promeses que ni tan sols els seus més assidus adeptes podran gaudir en la seva vida. A més a més, no és infreqüent que aquest moviment es manifesti com a antihumà, fet que es desvela especialment en la seva disposició a sacrificar les persones concretes, encarnades i històriques del present tot alimentant les quimeres que s'imagina en un futur remot o en un de proper.

Mejía mostra el coneixement extens que posseeix dels autors que comenta no només per diagnosticar com s'ha desviat el transhumanisme en el seu vessant majoritari, sinó també per oferir una alternativa als qui estiguin disposats a dialogar. Dit d'una altra manera, no es tracta d'una condemna categòrica del transhumanisme sense més. Lluny de ser *merament* una obra crítica amb el transhumanisme, Mejía ofereix una proposta valenta; des d'una reforma de l'humanisme articula una reforma radical del transhumanisme.

Per altra banda, hi ha algunes qüestions filosòfiques clau que Mejía aborda i que resulten particularment importants per posar les bases de la seva proposta. Es tracta de principis que s'han de resoldre efectivament per tal de poder oferir una alternativa coherent i actualitzada al transhumanisme parcial. Encara que no estiguin llistats d'aquesta manera, a continuació subratllo els principis a causa de la seva importància transversal.

En primer lloc, s'identifica un dels grans conflictes que és subjacent en tot aquest debat. Es tracta del problema de la llibertat a causa de l'ofuscació entre causa primera i causes segones. Això es manifesta en la seva forma més desafortunada en l'immanentisme asfixiant de la nostra època i el resultant nihilisme que justifica una llibertat morfològica absoluta. Dit d'una altra manera, si el nihilisme és la veritat del món, llavors la modificació biològica (*enhancement*) sense condicions queda justificada.

La segona qüestió que es destaca és la constitució de l'ésser humà, la seva materialitat i espiritualitat. Evidentment, una ideologia que considera l'ésser humà com un conjunt de partícules no té escrúpols a tractar-lo com una cosa, un simi avançat compost i reduït a *stuff* biològica. D'aquí l'autor refuta el materialisme obertament present en el transhumanisme parcial i recalca la «... unitat sistèmica dual...» (pàg. 221) i la «... dualitat en el tot unitari encarnat de la persona...» (pàg. 222).

En tercer lloc, i amb això l'autor busca esmenar la ruptura antropològica present en la visió dels transhumanistes parcials i dels bioconservadors tecnòfobs, hi ha la tècnica com a dimensió antropològica. Ambdós grups comparteixen un tret comú sobre l'ésser humà; tenen una visió extrínseca de la tècnica i de la tecnologia, com si es tractés merament d'un afegit aliè a l'ésser humà. En canvi, Mejía argumenta i justifica la postura de l'ésser humà com a ésser tècnic i, per tant, resulta erroni aïllar aquesta dimensió de les altres de la persona humana (postura transhumanista parcial). Amb el mateix criteri, també és una equivocació posar-se a la defensiva davant la tècnica (postura bioconservadora). En el fons, ambdues postures veuen la tècnica com a realitat extrínseca a l'ésser humà i, per tant, com a cos estrany o apèndix salvífic. Els transhumanistes parcials la veuen com la redempció d'una espècie fallida i els altres com l'enemic que posa l'espècie en escac. De la falsa dicotomia, per la via conservadora o la progressista, resulta una relació viciada amb la tècnica que perd de vista la història de la nostra espècie com a *sapiens technicus*.

Una quarta qüestió que cal considerar com a postura filosòfica és la reivindicació i justificació racional de la dimensió transcendent de la persona humana. La crítica al transhumanisme parcial en aquest cas és molt evident, ja que la transcendència la redueix i l'ofega en una mena de salvació intramundana il·lusòria. Quant a la seva concepció pròpia, l'autor fa esment de la secularitat —en sentit etimològic, del segle— d'aquesta transcendència. És a dir, acceptar aquesta veritat sobre l'ésser humà no equival a llançar-se a la pila baptismal ni fer confessió de cap religió, encara que això no s'excloguі.

Aquest quart punt es veu estretament entreteixit amb el cinquè punt que esmentaré d'aquesta obra, que té a veure amb la dignitat i centralitat de la persona humana. Mejía s'esplaia sobre cadascun d'aquests elements, però n'hi ha prou de moment amb què es mencionin en el seu conjunt (transcendència, dignitat i centralitat) per recalcar el lloc preeminent que tenen al transhumanisme integral. Aquesta visió considera el lloc central de la persona humana al món com l'ésser biològic més evolucionat, en contra d'il·lusions futuristes posthumanes. Té una dignitat que no pot ser violentada i està obert a la transcendència del seu propi ésser, dels altres, del cosmos i d'allò totalment Altre.

Resta preguntar-se si l'autor realment aconsegueix el que es proposa: formular una aproximació hermenèutica al transhumanisme que prengui en compte la totalitat de la persona. Després d'una crítica duríssima al transhumanisme majoritari i parcial, Mejía ofereix una visió del transhumanisme que busca la millora integral de l'ésser humà, una que pren en compte totes les seves dimensions. Fins i tot afavoreix que hi pugui haver certes millores biològiques de l'ésser humà més enllà del merament terapèutic, però afirma la necessitat que aquesta recerca no renunciï a la moral i subratlla la necessitat d'orientar adequadament el desenvolupament tecnocientífic perquè l'acció tècnica i tota investigació científica salvaguardin i potenciïn «autènticament la persona integral, en la seva centralitat, dignitat i transcendentalitat; tant individualment com comunitàriament a la Terra» (pàg. 239).

Per tant, es pot afirmar que l'autor aconsegueix la seva finalitat. No obstant això, s'ha d'entendre que aquesta no és merament un punt d'arribada sinó un punt de partida que convida a la investigació científica dins del marc del transhumanisme integral, el qual s'ha de caracteritzar, tal com el seu nom suggereix, per una aproximació integral a la recerca. És a dir, aquesta manera de procedir és integral no només en els seus fonaments teòrics, sinó que també ho ha de ser com a marc de recerca transdisciplinar. Aquesta és una lectura recomanable no només per a la comprensió del transhumanisme sinó també per oferir una sortida als que estiguin oberts al diàleg des del camp del transhumanisme parcial i per a aquells que s'interessin per una investigació científica de ment oberta i no reduccionista. Finalment, també podria interessar particularment a aquells que des del seu camp d'especialització desitgin implicar-se en la col·laboració de la recerca que busqui la millora humana tenint en compte el bé integral de les persones.

David Isaac FALCÓN FERNÁNDEZ
Universitat Ramon Llull
Facultat de Filosofia La Salle

Donatella Di Cesare, *Democracia y anarquía. El poder en la polis.*
Barcelona: Herder, 2025. 342 pàg.

A *Democracia y anarquía,* Donatella Di Cesare proposa repensar la democràcia. Per fer-ho, l'autora s'inscriu en el corrent de la democràcia radical, oposant-se a tota una tradició de pensament occidental que, des dels clàssics, hauria volgut disciplinar la democràcia (pàg. 18), reprimint-ne el caràcter anàrquic (pàg. 11) i oblidant l'absència d'un principi o fonament rector que seria allò que la caracteritza (pàg. 85).

Di Cesare reclama més democràcia i més radicalitat, en contra dels plantejaments que avui dia continuen volent moderar la democràcia (pàg. 19). Tal com ella mateixa admet, el corrent de la democràcia radical és variat, però les seves idees es poden sintetitzar en tres punts: la democràcia no té principi estable o fonament últim; la democràcia no es pot circumscriure a un règim polític o conjunt d'institucions; els plantejaments radicals se situen en la divisió entre la política —entesa com l'àmbit institucional— i allò polític —l'àmbit més enllà de les institucions i on quedarien ocults els impulsos subversius (pàg. 19). En aquest corrent, el terme «radical» remet a l'intent d'anar a les arrels de la democràcia (pàg. 19-20), tot evitant dos possibles errors a l'hora d'endinsar-se en el fenomen democràtic. El primer seria creure que el descens busca un fonament sòlid que caldria captar. El segon equivaldria a limitar-se a anar fins al fons de les coses, perquè l'enfocament radical pretén desemmascarar el que es considera natural o immutable, mostrant-ne la seva contingència o historicitat (pàg. 23).

Di Cesare reflexiona sobre el vincle entre radicalitat i historicitat en Marx (pàg. 21) i sobre l'absència de fonament en la democràcia, observada per Laclau i Mouffe (pàg. 23). També dialoga amb Lefort i

Abensour sobre el caràcter salvatge de la democràcia (pàg. 25) o amb Marchart al voltant d'una política democràtica que admeti la seva manca de fonaments i que reconegui la seva pròpia historicitat (pàg. 30). Partint del heideggerianisme d'esquerres, l'autora avança cap a una comprensió de la democràcia que eviti la temptació de buscar-li una definició, un intent de limitació conceptual que, de fet, implicaria no haver-la entès (pàg. 37). Recolzant-se en Lefort, Rosanvallon i Rancière, reivindica una política anàrquica, que no s'aixequi sobre un fonament, pilar o principi que tanqui un espai que, al seu torn, defineixi la comunitat i exclogui qualsevol altra possibilitat de definició (pàg. 43).

Amb el rerefons de la democràcia radical, Di Cesare proposa un exercici d'arqueologia filosòfica. Es tracta d'elaborar un relat alternatiu sobre la democràcia, diferent del que ha transmès una tradició més aviat marcada pels crítics de la democràcia i no pels seus defensors (pàg. 57-58). Seguint l'orientació de Nietzsche, de Heidegger i de Foucault (pàg. 64), l'objectiu d'aquesta arqueologia filosòfica és cercar el sorgiment de la democràcia, aquell moment en el qual hom pot observar la diferència entre allò que ha quedat latent en la font del fenomen democràtic i allò que es va efectuar històricament (pàg. 67-68). Entre allò que podia haver donat fruit —però no ho va fer— i allò que finalment va tenir lloc. Aquesta excavació no vol ser la recerca d'un moment fundacional i encara menys d'un fonament immutable, sinó la *desconstrucció* d'una tradició sobre la democràcia per tal de copsar l'alternativa que no es va concretar. Per tant, es tracta d'un exercici que fa trontollar l'herència conceptual per observar el moment en el qual diverses opcions democràtiques estaven en lluita i en joc. Seguint Castoriadis i Benjamin, l'esforç filosòfic aquí consisteix a observar les possibilitats reprimides o no realitzades sobre la democràcia (pàg. 78). Concretament, Di Cesare proposa *desconstruir* la imatge d'una democràcia els crítics de la qual, avergonyits pel seu caràcter anàrquic o no fonamentat, en modificaren la concepció i la van transmetre a la posteritat com un règim basat en una *arché* (pàg. 69).

Demostrant una erudició lingüística, filosòfica i literària notable, Di Cesare du a terme aquesta arqueologia. A través de l'excavació, veu que el nom de la democràcia no només implica l'entrada del poble en política, sinó també l'absència d'una *arché.* No s'anomenà «*demarchia*» (pàg. 86) perquè la democràcia qüestionà el recolzament de la política en un fonament sobirà (pàg. 87). Segons l'autora, aquest caràcter anàrquic de la democràcia fou percebut pels tràgics i filòsofs hel·lènics. Ara bé, al llarg de la tradició grega el terme «anarquia» anà adquirint un significat més enllà de l'absència de comandament o guia, que ja es trobava en Homer (pàg. 89), per indicar la connotació de desordre, desobediència i revolta (pàg. 92). El gran rival de Di Cesare és Plató, que hauria entès que la democràcia era el poder sense fonament que posava al descobert la contingència de tot govern (pàg. 101), quelcom que el filòsof hauria lamentat (pàg. 99), a més d'haver intentat corregir a través de la recerca d'un principi que legitimés el poder: el coneixement (pàg. 101). Aristòtil hauria prosseguit amb el projecte platònic buscant un fonament únic que regulés allò múltiple, en metafísica i en política (pàg. 102). Es tractà del *telos* d'una vida humana (pàg. 104) que es vehiculà a través de la defensa moral del terme mitjà, que serviria per qüestionar la democràcia i el seu redreçament en el règim mixt (pàg. 109-110). Amb aquests gests, tant Plató com Aristòtil haurien traït la política (pàg. 105) perquè haurien intentat fonamentar-la en un principi rector.

Di Cesare troba l'alternativa contra els filòsofs clàssics en la tragèdia grega, que apareix quan el mite es fa estrany a ulls dels ciutadans (pàg. 139) i que té a veure amb la qüestió de la delimitació de la ciutat (pàg. 141). La tragèdia qüestionà els límits de la política (pàg. 143), mostrant que la divisió de rols de la *polis* podia haver estat una altra (pàg. 145). L'autora també troba alternatives en els historiadors grecs. Per exemple, en Herodot la democràcia i els seus ideals d'*eleutheria* i *isonomia* equivalgueren a no exercir ni patir *arché* (pàg. 205). Certament, al llarg de tot el segle v a.C. el significat de «democràcia» fou incert i, en temps de Pèricles, ja s'havia redreçat donant-li un *arché* en forma d'espai i de temps: en *l'Oració fúnebre,* la democràcia es fonamentà en la tradició i en el territori (pàg. 209). Ara bé, en els temps de Clístenes i d'Efialtes anteriors a Pèricles, la democràcia havia aparegut en la història grega com una crítica als nexes familiars i territorials que fonamentaven el poder (pàg. 241-244), com una nova manera de plantejar el fet de cohabitar (pàg. 237). Pèricles i els demòcrates posteriors, en canvi, foren conservadors i tornaren la democràcia al lligam entre ciutadania i terra (pàg. 245).

En la mirada alternativa sobre la democràcia grega, Di Cesare troba un replantejament del que és polític, acompanyat d'una nova concepció sobre la *stasis*. Si Plató l'havia observat com la divisió perillosa de la ciutat, perquè trencava els vincles fonamentals que la sostenien (pàg. 272), l'autora mostra que la política grega implicava una comunitat no estatal, descentralitzada i que havia trencat amb tot vincle parental i amb tot fonament del poder, per passar a basar-se només en vincles estrictament polítics, aquells creats pels propis ciutadans. Recordant Arendt, l'autora apel·la a una política grega sense governants ni governats, on els ciutadans eren lliures perquè actuaven concertadament en situació d'igualtat (pàg. 164-165). Des d'aquest prisma, la *stasis* pren una forma diferent que aquella transmesa per la tradició. Ara, la divisió fonamental de la *polis* apareix com a fenomen inherent a la política democràtica, fins i tot un deure ciutadà. Posicionar-se, prendre partit en el debat i en els conflictes sobre les qüestions de la *polis* era una necessitat de la vida política (pàg. 276-277). El risc de la *stasis* era que llançava un dubte sobre els límits de la ciutat, posant en perill la línia que delimitava què estava dins i què estava fora (pàg. 279). Aquesta obertura, aquesta crítica, aquesta problematització dels límits de la vida política és allò que la tradició clàssica hauria volgut moderar i frenar.

Des de l'observació d'aquestes alternatives, Di Cesare proposa una nova manera de concebre la relació entre *demos* i *kratos.* No accepta la reducció liberal de la democràcia, que només mira cap al *demos* i oblida el *kratos* (pàg. 287-288). Tampoc proposa una democràcia substancialista que pretengui recuperar el fonament del poder en el poble, ni tan sols en un poble que es doni el seu propi fonament: això seria reproduir el gest de la tradició (pàg. 289-290). Di Cesare reivindica el poder *destituent* de la democràcia, la seva comprensió —no com a forma de govern— sinó com el procés en el qual «la potència constituent del poble es manifesta i s'articula, sense esgotar-se ni concloure mai» (pàg. 291). Una investigació lingüística sobre la paraula *kratos* recolzaria aquesta forma d'entendre el fenomen democràtic: com a trencador dels equilibris anteriors, que pot vèncer però sempre precàriament per la seva falta de sobirania i recerca permanent de legitimació (pàg. 303). Així doncs, el lema de la democràcia que caldria recordar és el de «no governar ni ser governats» (pàg. 299), en el sentit de no deixar que la política quedi mai encapsulada en cap *arché* o principi fonamental provinent dels inicis, que regeixi i legitimi, o que guiï la política (pàg. 297, 305). Des del punt de vista de la política arquitectònica, que eleva la democràcia sobre un fonament àrquic, aquesta sempre és inestable, perillosa, indeterminada i susceptible de caure en el caos (pàg. 312). Tot i així, Di Cesare planteja mirar-la amb un altre prisma, el del seu caràcter anàrquic. Des d'aquí la democràcia apareix com a infundada i només sostinguda per vincles polítics (pàg. 312-313), trencant els vells lligams de sang o territori, però també amb el poder d'un estat que ha deixat el poble sense *kratos* (pàg. 315).

El llibre de Di Cesare té el mèrit de deixar clars on estan, avui, els pols d'un debat decisiu a l'hora d'entendre les qüestions polítiques. D'una banda, en la perspectiva clàssica i, d'altra banda, en el pensament de Heidegger i en els seus deixebles d'esquerres. Així, en filosofia política el debat entre platonisme i historicisme continua sent el més rellevant que es pot pensar en el nostre temps. En aquest sentit, i sense entrar a valorar les interpretacions que l'autora fa del pensament clàssic, ni algunes absències en la reflexió sobre el poder democràtic en la pròpia tradició que reivindica —com ara la d'Antonio Negri a *El poder constituent*—, sí que convé deixar constància d'alguns punts dèbils fonamentals d'una obra notablement rica. Tots es podrien sintetitzar dient que l'obra reivindica la descoberta d'una possibilitat no realitzada sobre la democràcia, una alternativa a allò que els clàssics van dir sobre la naturalesa i els problemes d'aquest règim. Ara bé, no hi ha en cap moment un debat seriós amb els posicionaments clàssics, perquè en el fons no es contempla la possibilitat que Plató i Aristòtil poguessin haver entès quelcom millor que nosaltres sobre les coses polítiques.

Per exemple, tota la lectura d'Aristòtil (pàg. 104-107) es fa entenent la filosofia de l'Estagirita com una estratègia de poder, més preocupada per fer política que per comprendre la política, sense contemplar la possibilitat d'un interès genuïnament filosòfic —quelcom que en línia nietzschiana i foucaultiana hem de suposar que l'autora considera ingenu. Ara bé, entendre la filosofia com a estratègia de poder és entendre la filosofia de forma postmoderna i pressuposar que, en allò més fonamental, hom es considera més savi que els clàssics, que creien poder separar l'interès per conèixer de l'interès per dominar. Des d'aquesta superioritat, cap interpretació del passat pot ser fructífera perquè no hi pot haver coneixement del passat sense reconeixement de la possibilitat d'aprendre quelcom important *del* passat i no només *sobre* el passat.

Així doncs, a més de debatre amb les interpretacions de l'autora, el llibre clau és el que s'ha d'escriure després de l'obra notablement erudita de Di Cesare: el debat entre els clàssics i els postmoderns sobre si l'absència de fonament, l'obertura constant i la crítica permanent que caracteritzaria la democràcia segons els teòrics radicals són una bona opció política o no. Podria ser que la filosofia postmoderna hagués oblidat una lliçó platònica decisiva: que l'embat continuat contra els límits i l'absència de fonaments poden ser el preu de les esperances filosòfiques, fins i tot allò que caracteritza la democràcia, però no quelcom compatible amb les necessitats d'una vida humana en comunitat.

Jordi FEIXAS I ROIGÉ
Universitat Ramon Llull
Facultat de Filosofia La Salle

LLIBRES REBUTS

Hélène Cisoux, ***La risa de la medusa. El manifiesto de 1975.***
Madrid: Cátedra, 2025, 60 pàg.

L'obra més emblemàtica de l'autora francesa es publica per primera vegada en castellà. Mitjançant una defensa de l'escriptura femenina, Cisoux subverteix les formes del discurs per alliberar el pensament i el desig. El seu joc amb les paraules té un valor filosòfic i polític, ja que proposa una nova lògica. Escriure és un gest d'insubmissió a fi de desarmar l'ordre establert, d'afrontar la por heretada, de donar nous sentits al món i de riure com un acte de subversió.

Richard Rorty, ***Consecuencias del pragmatismo.***
Madrid: Tecnos, 2025, 312 pàg.

Richard Rorty cerca lligar el passat de la filosofia amb el seu futur, connectant el que veu com les contribucions positives i oblidades dels filòsofs pragmatistes nord-americans amb els desenvolupaments europeus contemporanis. En els debats sobre James, Dewey, Wittgenstein, Davidson, Nagel, Heidegger, Derrida i Foucault, desplega un mapa de la filosofia moderna i el seu lloc en la cultura contemporània. De manera molt especial, Rorty qüestiona les pressuposicions de la filosofia analítica angloamericana i suggereix la manera per la qual la cultura postfilosòfica troba expressió en els enfocaments hermenèutics de les ciències socials i en la filosofia pragmatista.

Jordi Feixas i Roigé, ***Aprender leyendo. Filosofía, educación liberal y moderación política en el pensamiento de Leo Strauss.***
Madrid: Editorial Sindéresis, 2025, 232 pàg.

Aquest llibre presenta l'aportació de Leo Strauss com un intent de recuperar la filosofia socràtica davant la crisi provocada pel positivisme i l'historicisme contemporani mitjançant el valor d'una educació liberal basada en els *grans llibres*. La principal lliçó pràctica que se'n derivaria seria la moderació retòrica del filòsof i la moderació política del bon ciutadà. La lectura de les obres dels filòsofs del passat requereix així una determinada manera sovint oblidada de concebre la relació entre la vida filosòfica i la vida política. La lectura dels *grans llibre*s justificaria la pertinència de seguir reivindicant el valor d'*aprendre llegint*.

Ramón González Férriz, *La otra guerra fría.*
Madrid: Alianza Editorial, 2025, 184 pàg.

Subtitulada *Cómo el capitalismo y el comunismo convirtieron la cultura en un campo de batalla*, aquest llibre pretén explicar els escenaris més representatius de la batalla cultural que formà part de la Guerra Freda. Durant aquest període que posà a la humanitat a prop de l'apocalipsi nuclear, els polítics dels Estats Units i la URSS cregueren en el poder seductor de la cultura i el manipularen. Mitjançant una barreja de crònica i assaig, l'autor alterna l'alta cultura i la cultura pop per reconstruir nombrosos episodis d'aquell enfrontament.

Franco Cardini, *Las rutas del conocimiento. Un recorrido intelectual por la Europa medieval.*
Madrid: Alianza Editorial, 2025, 292 pàg.

Des dels monestirs fins a les corts, les universitats o les rutes de pelegrinatges, aquestes pàgines tracen un itinerari que explora com el coneixement, la ciència, la filosofia, la literatura i les arts es difongueren i evolucionaren en un període que, lluny de ser obscur, fou una època de descobriment, intercanvis i creativitat sense precedents. Mitjançant les novel·les de Chrétien de Troyes, l'amor cortès, la influència d'Alfons x el Savi, l'autor investiga les connexions entre Orient i Occident, els avenços científics i tecnològics o la importància de les rutes comercials i de pelegrinatge com a nus d'intercanvi cultural.

Javier Bernácer (coord.), *Neurociencia de la conciencia.*
Madrid: Tecnos, 2025, 136 pàg.

Aquest llibre col·lectiu presenta els principals models neurocientífics actuals sobre la consciència, cadascun dels quals en diàleg amb la filosofia, la psicologia, la biologia, la física i les matemàtiques del nostre temps. La primera part mostra el context històric i filosòfic de la consciència, i el seu lloc en un marc antropològic ampli. En la segona part, es discuteix el model de l'espai de treball global de Baars i Dehaene, la teoria de la informació integrada de Tononi, la teoria temps-espacial de Northoff i el model del cervell predictiu i l'espai de treball límbic de Chanes.

John Heaton i Judy Groves, *Wittgenstein. Una guía ilustrada.*
Madrid: Tecnos, 2025, 192 pàg.

Aquest volum, que combina el text de John Heaton, alumne de Bertrand Russell, i la il·lustradora Judy Groeves és una introducció per a tots els públics i per a qualsevol que se senti atret per la complexitat i la reputació de Ludwig Wittgenstein. Presenta les principals fites de la seva biografia i, especialment, és una guia clara i accessible per introduir els lectors a l'obra principal del filòsof vienès, el *Tractatus Logicus-Philosophicus*, així com a la tardana *Investigacions filosòfiques*.

Dan Cyran, Sharron Shatil i Bill Mayblin, ***Lógica. Una guía ilustrada.***
Madrid: Tecnos, 2025, 188 pàg.

Des de la lògica difusa fins a la paradoxa del mentider, aquest volum presenta idees de pensadors com Plató i Aristòtil així com d'algunes de les ments més brillants del segle XX: Alan Turing, el qual va ajudar a desxifrar el codi nazi Enigma i va posar les bases de l'era de la computació; Ludwig Wittgenstein, l'inclassificable geni vienès; o el filòsof pacifista lligat al grup de Bloomsbury Bertrand Russell.

Xavier Zubiri, ***Filosofía de la religión (1947).***
Madrid: Alianza Editorial – Fundación Xavier Zubiri, 2025, 360 pàg.

En aquest volum es troba un primer desenvolupament del tema de la religió en els «cursos extrauniversitaris» de Zubiri, com ara l'anàlisi de l'agnosticisme, les consideracions sobre la relació entre immanència i transcendència o el diàleg amb la filosofia de la religió de la seva època. El text presentat és la tercera part del curs sobre «Tres concepcions clàssiques de l'home» que és l'única que s'ha conservat, en part redactada per Zubiri mateix, en part recollida en les lliçons taquigrafiades i en les paperetes utilitzades per escriure un llibre projectat.

COMPRENDRE
revista catalana de filosofia
Vol. 27/2 Any 2025

Editorial

Articles / Articles

Ressenyes / Reviews

NORMES DE PUBLICACIÓ

· *Comprendre* és una revista de caràcter científic i de recerca que es publica dues vegades a l'any i que està oberta a treballs que tractin els àmbits clàssics de la filosofia: metafísica, epistemologia, lògica, ètica, filosofia de la ciència i de la natura, antropologia, història de la filosofia, filosofia de la religió, estètica, etc. Està dirigida a un públic universitari interessat pel debat filosòfic i humanístic actual.
· *Comprendre* accepta tres tipus de treballs: articles, notes crítiques i recensions. Els articles i les notes crítiques han de ser originals i inèdits i han d'estar escrits en català o en les principals llengües europees. Només s'admetran recensions en català.
· Cal enviar a l'adreça electrònica de la revista (comprendre@salle.url.edu) un fitxer preferentment en format Word. Els articles no sobrepassaran les 9.000 paraules (notes i bibliografia incloses), mentre que l'extensió màxima de las notes i de les recensions serà de 6.000 i 2.500 paraules, respectivament.

Tipus de lletra: *Times New Roman, cos 12, interlineat 1,5.*
· Cal incloure-hi en la llengua del treball i en anglès un títol i un resum (*abstract*) (120 paraules màxim), destacant-hi, a més, cinc paraules clau també en ambdós idiomes.
· Les anotacions a peu de pàgina es numeraran correlativament. Les referències bibliogràfiques es poden presentar també al final del text, sempre per ordre alfabètic d'autors.

Cal seguir les següents normes d'estil en totes les citacions, així com en la bibliografia final. L'autor/a es compromet a lliurar el seu manuscrit respectant aquests criteris:
Tipus de lletra: *Times New Roman, cos 10, interlineat senzill.*
a) per als llibres:
Nom complet de l'autor/a COGNOMS (en versaleta). *Títol* (en cursiva). Lloc d'edició: Editorial, any.
Exemple:
Hanna ARENDT, *La condició humana.* Trad. d'Oriol Farrès. Barcelona: Empúries, 2009.
b) per als articles de revista:
Nom complet de l'autor/a COGNOMS (en versaleta), «Títol de l'article». *Nom de la publicació periòdica* (en cursiva) [Lloc d'edició], 000 (número), 0000 (any), pàg. 00-00.
Exemple:
Carles LLINÁS, «Gerhard Krüger: Einsicht und Leidenschaft (Intel·ligència i passió). Una entrada "platònica" en el pensament del segle XX». *Comprendre. Revista catalana de filosofia* [Barcelona], IX/1-2, 2007, pàg. 159-189.

· Cal afegir al final de l'article les referències bibliogràfiques utilitzades.
· Les dades personals i acadèmiques de l'autor s'han de presentar en un fitxer a part. Han de constar-hi nom i cognoms, la institució acadèmica a la qual està vinculat, el número ORCID i una adreça electrònica vigent.
· *Comprendre* segueix els criteris de conducta ètica per a la publicació dels articles i les notes crítiques. Per això requereix que els/les autors/autores adjuntin un compromis signat de compliment de bones pràctiques juntament amb els seus manuscrits. N'està disponible un model a la web de la revista.
· Els originals rebuts, siguin articles siguin notes, se sotmetran anònimament a l'informe de dos especialistes externs designats pel Consell de Redacció, el qual es reserva el dret de publicació. Es comunicarà raonadament als autors l'acceptació o el rebuig del seus treballs en el termini màxim de sis mesos.
- *Instruccions als avaluadors*: s'avaluaran l'originalitat, el rigor acadèmic i la metodologia, la bibliografia i l'estil de l'article, abans de procedir a recomanar-ne o no la publicació o a sol·licitar-ne modificacions.

GUIDELINE FOR CONTRIBUTORS

· *Comprendre* is a scientific review which publishes two issues a year. It is opened to contributions on the classic fields of philosophy: metaphysics, epistemology, logical, ethics, philosophy of science, anthropology, history of philosophy, philosophy of religions, aesthetics, etc. It is addressed to an academic audience interested in the current philosophical and humanistic debates.
· *Comprendre* accepts three types of contributions: articles, critical notes and short reviews. Only original manuscripts not published previously and written in Catalan or in the main European languages (English, Spanish, French, German, Portuguese and Italian) will be considered for publication. Book reviews will be written only in Catalan.
· Contributions will be submitted electronically (comprendre@salle.url.edu) in a Word format file. Articles should not exceed 9000 words (including notes and bibliography). Critical notes should not exceed 6000 words. Short reviews should not exceed 2500 words.

Type of letter: *Times New Roman,* body *12,* space *1,5.*
· The title, an abstract (120 words max.), and five key words in both the original language and English must be added at the beginning of the contributions.
· Citations in footnotes will be numbered continuously. Bibliographical references can be placed in a final Work Citations section, always in alphabetical order by authors.

The next guidelines are mandatory to be followed in all the citations, as well in the final Work Citations section:
Type of letter: *Times New Roman,* body *10,* space *1.*
a) For Books:
Full Author's name SURNAME (small capital), *Title* (italics). Place of edition: Publisher, year
Example:
Simone WEIL, *Waiting for God. Translated* by G. Craufurd. New York: Harper Perennial, 2009.
b) For Articles:
Full Author's name SURNAME (small capital), «Títle of the article». *Name of the periodical pubblication* (italics) [Place of edition], 000 (number), 0000 (year), pp. 00-00.
Example:
Carles LLINÁS, «Gerhard Krüger: Einsicht und Leidenschaft (Intel·ligència i passió). Una entrada "platònica" en el pensament del segle XX». *Comprendre. Revista catalana de filosofia* [Barcelona], IX/1-2, 2007, pp. 159-189.

· The bibliographic references used should be added at the end of the article.
· Personal and Academic affiliation should be included in a cover sheet, containing an operative electronic address as well as number ORCID.
· *Comprendre* follows the Code of Conduct for Publication Ethics in the case of articles and critical reviews. Authors are required to attach a contributor's form with the manuscript. A model is avalaible in its web.
· Contributions will be submitted to an external blind review process. The right of publication is reserved to the Editorial Board. The author will receive a response in six months. The acceptance or the refusal will be reasoned.
· *Guidelines for evaluators:* before being recommended to be published or not, or even to be modified, the articles will be evaluated according to the following items: originality, academic rigueur and methodology, bibliography and correct style.

Herder Editorial

Democracia y anarquía

El poder en la polis

Donatella Di Cesare

344 páginas
14,1 × 21,6 cm
ISBN: 978-84-254-5203-1
Precio c/IVA: 28,00 €

La democracia griega se ha transformado en un monumento, un arquetipo inmóvil, un modelo evanescente que puede ser colonizado por las «verdaderas» democracias, las modernas.

Este libro nace de la necesidad de excavar en las profundidades de la historia monumental para dejar emerger un elemento reprimido durante siglos: la anarquía. Capas de esmerada historiografía y de tradición polvorienta la relegaron al olvido del archivo. Sin embargo, escrutada en su raíz, la democracia revela su vínculo indisoluble con la anarquía.

Todos los adjetivos utilizados para evocar el conflicto —democracia salvaje, indomable, insurgente, original— se ven desplazados por ese único adjetivo que, en lugar de definirla, remite a la indeterminación de fondo. La democracia es, en esencia, anárquica.

En estrecho diálogo con Hannah Arendt, Claude Lefort, Cornelius Castoriadis, Reiner Schürmann o Miguel Abensour —pensadores de la democracia tras la deriva totalitaria—, Donatella Di Cesare saca a la luz una represión secular y abre una perspectiva de investigación sin precedentes sobre el nuevo anarquismo.

Herder Editorial S.L.
Provenza, 388
08025 Barcelona, España
Telf.: +34 934762626
www.herdereditorial.com

Herder Editorial

Jacques Derrida, el ex-céntrico
Deconstrucciones

Mabel Moraña

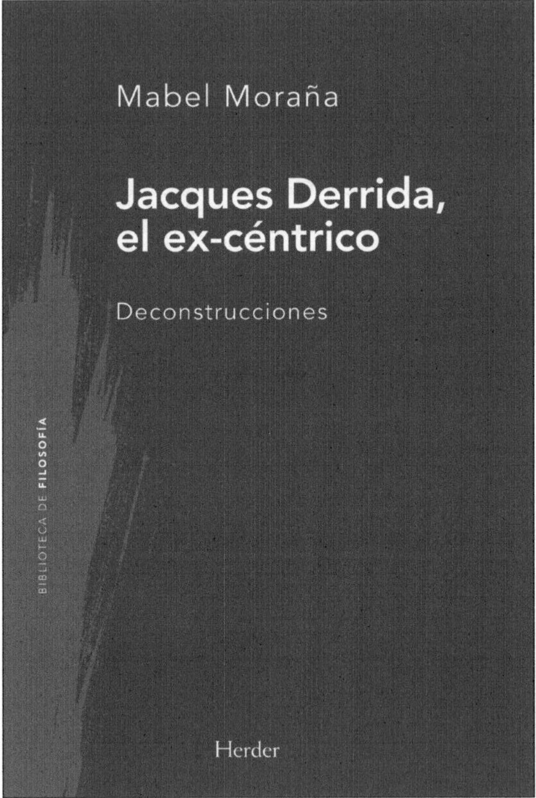

600 páginas
15,5 × 24,5 cm
ISBN: 978-84-254-5236-9
Precio c/IVA: 49,80 €

El pensamiento heterodoxo de Jacques Derrida interpela, afantasmado, los actuales imaginarios de la globalización y promete deconstruir lo que queda de nuestras certezas y nuestras dudas.

Fenómenos como el postmarxismo, la infrapolítica, lo poshumano, la crisis migratoria, los proyectos decoloniales, la virtualidad o la poshegemonía proyectan desde su obra un abanico de problemas que exigen el fortalecimiento del pensamiento crítico.

En este detallado estudio, Mabel Moraña ofrece una mirada diferente sobre estos temas y vuelve a las incisivas ideas del filósofo sobre universalismo, psicoanálisis, literatura, traducción, saberes fronterizos, pensamiento amazónico, lenguaje, duelo, universidad, humanismo y democracia. Abre así un diálogo con pensadores de diversos contextos culturales que descentra el repertorio derridiano y estimula debates desde perspectivas periféricas capaces de desafiar la totalización globalizadora.

Herder Editorial S.L.
Provenza, 388
08025 Barcelona, España
Telf.: +34 934762626
www.herdereditorial.com